数字图书馆服务与管理探析

罗 明◎著

哈尔滨出版社

图书在版编目（CIP）数据

数字图书馆服务与管理探析/罗明著. —哈尔滨：
哈尔滨出版社,2023.8
　　ISBN 978-7-5484-7466-1

Ⅰ.①数… Ⅱ.①罗… Ⅲ.①数字图书馆－图书馆服务－研究②数字图书馆－图书馆管理－研究 Ⅳ.①G250.76

中国国家版本馆CIP数据核字(2023)第156394号

书　　名：数字图书馆服务与管理探析
SHUZI TUSHUGUAN FUWU YU GUANLI TANXI

作　　者：罗　明　著
责任编辑：孙　迪

出版发行：哈尔滨出版社（Harbin Publishing House）
社　　址：哈尔滨市香坊区泰山路82-9号　邮编：150090
经　　销：全国新华书店
印　　刷：北京四海锦诚印刷技术有限公司
网　　址：www.hrbcbs.com
E－mail：hrbcbs@yeah.net
编辑版权热线：（0451)87900271　87900272
销售热线：（0451)87900202　87900203

开　　本：787mm×1092mm　1/16　印张：11.75　字数：230千字
版　　次：2023年8月第1版
印　　次：2023年8月第1次印刷
书　　号：ISBN 978-7-5484-7466-1
定　　价：68.00元

凡购本社图书发现印装错误，请与本社印制部联系调换。
服务热线：（0451)87900279

前言

随着现代科技和信息技术的快速发展，诸多的领域对计算机的服务需求也越来越大，图书馆也逐渐转型为数字图书馆。在此过程中也带来了前所未有的冲击，作为一种全新的虚拟数字信息图书服务平台，创新型数字图书馆应该如何运作是每一位图书馆管理人员都关注的问题。

数字图书馆服务的管理模式应适应数字化社会信息的需要，其优势是通过各种人性化的服务方式来体现，使用数字化服务的管理标准和方法，将有利于优化服务流程，提高信息服务的可用性、可靠性和安全性，为数字图书馆用户提供高质量的服务。当前，信息技术已经融入了数字图书馆的服务与管理，在软件管理、信息共享等方面都增强了图书馆的功能。图书馆作为信息传播、信息交流、借阅管理的服务机构，在现代互联网的影响下开始积极引入数字化管理系统，实行数字化管理模式。以融合互联网优势，实现图书馆管理网络化、信息化、智能化、个性化发展。

本书以数字图书馆为主题，集中探讨了数字图书馆服务创新与管理创新研究，包括数字图书馆的理念创新、数字图书馆的服务创新、数字图书馆的管理创新等。内容上首先概述了新时代图书馆服务的基础理论，在数字图书馆建设理论的基础上对数字图书馆服务的新理念和新模式做了较为全面的探讨，其次从数字图书馆服务的角度出发，分别又介绍了数字图书馆的资源管理、安全管理和服务人员管理的内容，为提升数字图书馆管理与服务质量提供参考。

本书参考了大量的相关文献资料，借鉴、引用了诸多专家、学者的研究成果，其主要来源已在参考文献中列出，如有个别遗漏，恳请作者谅解并及时和我们联系。本书在创作过程中，得到很多专家、学者的支持和帮助，在此深表谢意。由于作者能力有限，难免有不妥与遗漏之处，恳请专家和读者指正。

目录

第一章 现代图书馆服务概述 … 1

第一节 图书馆的概念及其社会职能 … 1
第二节 现代图书馆的类型 … 6
第三节 图书馆服务的概念及其服务理念 … 11
第四节 信息时代图书馆服务的原则与类型 … 17

第二章 数字图书馆的建设 … 21

第一节 数字图书馆的概念和特点 … 21
第二节 数字图书馆建设基础理论 … 25
第三节 数字图书馆信息资源的建设 … 34
第四节 数字图书馆环境的建设 … 42

第三章 数字图书馆的服务理念 … 48

第一节 数字图书馆人性化服务理念 … 48
第二节 网络环境下图书馆的文化资源共享理念 … 56
第三节 数字图书馆个性化服务理念 … 63
第四节 数字图书馆信息服务理念 … 66
第五节 网络环境下图书馆的终身学习理念 … 72
第六节 信息无障碍服务理念 … 78

第四章 数字图书馆的服务模式改革 … 82

第一节 数字图书馆服务模式的演变 … 82

第二节 网络环境下信息服务模式 …………………………………… 86

第三节 数字图书馆个性化服务模式 …………………………………… 94

第四节 数字图书馆读者服务模式 ……………………………………… 104

第五节 网络环境下图书馆服务商业化模式 …………………………… 109

第五章 数字图书馆的资源管理 …………………………………… 111

第一节 数字图书馆资源的配置、采集与编目 ………………………… 111

第二节 数字图书馆资源流通阅览与管理 ……………………………… 117

第三节 数字图书馆资源的组织与管理 ………………………………… 121

第六章 数字图书馆安全管理 ……………………………………… 128

第一节 数字图书馆网络安全管理 ……………………………………… 128

第二节 数字图书馆信息安全管理 ……………………………………… 131

第三节 数字图书馆知识产权保护 ……………………………………… 141

第七章 数字图书馆服务人员管理创新 …………………………… 148

第一节 数字图书馆人力资源信息素养 ………………………………… 148

第二节 新信息环境下图书馆人力资源管理创新 ……………………… 155

第三节 数字图书馆人员绩效考核 ……………………………………… 159

第四节 数字图书馆的团队组织 ………………………………………… 165

第五节 图书馆管理制度创新 …………………………………………… 170

参考文献 …………………………………………………………………… 178

第一章 现代图书馆服务概述

第一节 图书馆的概念及其社会职能

一、图书馆的概念

图书馆是收藏文献资料的地方,其收藏的文献资料是供人们使用的;图书馆是文化机构,这个机构通过对文献资料的收集、整理、存储和开发,为社会的政治、经济和文化教育提供服务。因此,我们可以这样定义图书馆:图书馆是以文献信息为活动对象,将其收集、整理、加工后提供给有需求的人的社会机构。

二、图书馆的社会职能

职能是指人、事物、机构所应有的作用。从人的职能角度讲,是指一定职位的人完成其职务的能力;从事物的职能看,一般等同于事物的功能;机构的职能一般包括机构的职权、作用等内容。根据这一定义,图书馆的社会职能也就是图书馆在社会生活中承担的责任和所起到的积极作用。一般来说,图书馆的社会职能主要包括以下几方面。

(一)保存文化遗产职能

人类社会在自身发展的过程中,为了适应交流的需要,创造了文字,并将其记载在一定的载体上,形成了文献信息资源。为了方便以后生活中继续利用这些文献,古人将这些文献有目地进行收集和保存,这样图书馆就诞生了。所以,图书馆最主要和最古老的一项职能就是采集、整理、管理这记载了从古至今人类历史的发展和演变的珍贵的文献信息资源。

随着人类社会的发展,文献资源的存储量大大增加,而纸版文献对场地和环境的要求给图书馆带来极大的负担。这时,科学技术的发展将磁、光技术带入图书馆管理中,使图书馆的文献信息资源可以无限扩张，用户运用得也更加方便、快捷。

图书馆在采集文献资源时，要真正做到重点采集，适量兼顾，藏书丰富，全面提高。对于已经采集的图书，图书馆也要做好藏书管理。具体来看，对于新采集的图书，图书馆要做好图书的编目、标引，然后把经过整理、加工的图书移交典藏部门。典藏部门则根据本馆书库、各阅览室及其他部门的需要，对文献进行合理分配、组织及妥善保管。这就是图书的组织管理工作，包括藏书的划分、藏书的排列、藏书的保护、藏书的清点等工作内容。此外，图书馆还要做好图书外界流通过程中的各项管理。

在采集与管理图书之外，图书馆还需要做好藏书建设。比如，部属重点院校图书馆对与本校专业设置有关的国外图书资料应尽量收全，相关学科和边缘学科的书刊则根据经费情况量力收藏。只有这样，才能保证图书馆藏书反映当今世界的科学发展水平。

（二）智力资源开发职能

智力资源是指在人类文明发展历程中所创造、积累的物化成果，精神财富和未被发现、认识的潜在信息。图书馆工作中涉及的智力资源内容包括馆藏文献信息资源和网上相关文献信息资源。传统智力资源开发是指对馆内文献资源进行二次、三次甚至多次加工，使之更适应用户的需求。随着科学技术的发展，图书馆在原有馆藏文献资源的基础上，依靠计算机网络，使图书馆文献资源实现了开发内容的扩大、内容范围上的扩大，让用户感觉到信息资源的膨胀，文献信息资源的储备远超过人的涉猎范围。与此同时，专业数据库和信息库的建立和使用让用户更加便利地寻找到自己所需要的信息。此外，图书馆的服务对象也得以扩展，受网络服务的影响，远方的用户现在可以在异地获得很多与本地用户同样的服务。

（三）教育职能

图书馆素有"知识的宝库""没有围墙的大学"的别称。这主要是因为图书馆拥有数量众多的文献信息资源，这些文献信息资源作为人类文化科学技术思想的结晶，为用户提供了用以学习的雄厚物质基础。此外，图书馆为用户提供了学习的场地和设备，受教育者可以长期地、自由地利用图书馆进行学习。对于没有时间到图书馆学习的人来讲，数字图书馆的远程教育功能很好地解决了这一问题。图书馆的教育方式是以自学为主，这正符合了"终身教育"为核心的现代教育思想。总之，图书馆应充分利用馆藏书刊资料优势，对用户进行以下几个方面的教育。

1. 思想政治教育

图书馆是知识的殿堂，是文明的场所。当用户跨入图书馆的大门，便会被一种庄严、肃穆、恬静、催人向上的气氛所感染，在利用图书馆的同时，潜移默化地接受了道德和行为规范的教育。图书馆是建设社会主义精神文明的窗口，它以丰富多彩的形式向用户宣传、推荐优秀书刊，开展导读、书评、报告会等活动，倡导健康向上的精神追求。

2. 专业知识教育

图书馆提供了系统而丰富的专业参考书。用户要完成各阶段的学习任务，单凭课堂教学是不行的，必须以教师所讲授的知识为纲要，在课外阅读大量的参考书，以刻苦自学来补充和深化课堂教学。图书馆通过编制教学参考书目录、开辟教学参考阅览室和借书处，把听课和阅读、课堂和阅览室、教师和图书馆员紧紧地联系在一起。

3. 拓宽用户知识面的综合教育

当代用户不仅需要有精深的专业知识，而且需要有广博的相关专业知识和社会科学知识。图书馆的文献包罗万象，是取之不尽、用之不竭的精神财富，用户在图书馆可以涉猎多方面的书刊资料，汲取本专业以外的科学文化知识，借以扩大视野、启迪思维、培养能力。图书馆通过提供各类书刊、举办报告会、开展读书活动，达到对用户进行综合教育的目的。

4. 获取文献信息技能的教育

在今后，国际经济技术竞争的焦点将集中在一个国家对信息资源的占有能力、报道能力、提供能力以及利用能力上。因此，用户应把获取信息、分析信息和处理信息的技能当成基本技能来培养，不断提高自学能力、独立研究问题的能力和创新能力。要实现这一点，需要图书馆对用户进行文献检索与利用的教育。

5. 文化素质教育

文化素质是个体素质的基础，用户的文化素质如何，将会直接影响其他方面的素质。一方面，良好的文化素质有助于用户不断提高自己的思想道德素质，提升爱国爱党的政治素质；另一方面，具有了良好的文化素质，用户毕业后才会在自己的职业素质方面有更好的发展。图书馆是大学行政机构的重要组成部分，与其他机构和部门一样，共同为用户教育服务。图书馆又是学校文献信息的中心，在文化知识教育上具有自身独特的优势，因此它也是对用户进行文化素质教育的基础。因此，图书馆要以高等教育的目标为基础，结合现代社会的发展态势以及用户的素质发展需求，引导用户有目的、有效率地进行自身文化素质的发展。同时，考虑到用户文化素质教育的主阵地依然是高等教育，因此图书馆应结合高等教育对用户文化素质培养的特点、规律等，配置相关的书刊，向用户宣传介绍相关的书刊，发挥图书馆对用户文化素质培育的作用。

6. 社会教育

在"终身学习理念"的影响下，越来越多的人在离开校园后仍然进行着自学，这时图书馆的教育优势就充分发挥出来了，成为自学者的首选场所。而通过利用计算机上的互联网络服务，图书馆的教育范围在时间和空间上得到极大延伸，学习的分散性和灵活性也得到增强，更主要的是图书馆丰富的文献信息资源和可以方便获取的服务方式，大大提高了用户自学的主动性和积极性。

（四）信息传递职能

传递文献信息是图书馆又一项基本社会职能，这是由图书馆中的介性所决定的。图书馆传递文献信息的职能主要是通过以下两个方面实现的。

1. 图书馆对馆藏文献信息的传递

图书馆馆藏文献主要是以图书馆目录和书目数据库的形式存在，换言之，图书馆目录和书目数据库就是图书馆馆藏信息的集合体。用户对这些馆藏信息的利用，首先是通过搜索图书馆目录和书目数据库实现的，在获取相关文献信息之后，用户才能通过对相关文献和资料的借阅实现对信息的利用。因此，图书馆传递文献的内容信息，是在传递馆藏文献信息之后。

在网络环境下，图书馆面对用户的不单单是本馆文献资源，其背后还有千千万万个图书馆；图书馆不仅可以回答某个图书馆是否收藏某种文献，而且可以回答某种文献由哪些图书馆收藏，它是通过检索网络书目数据库，获取哪些图书馆收藏该文献信息后，选择其中一个图书馆，通过馆际互借或在网上阅读全文数据而实现的。

2. 图书馆对文献内容信息的传递

传递文献信息，实质上就是传递文献的内容信息。这是图书馆存在的根本意义，也是用户到图书馆获取文献的最终目的。

（五）情报职能

图书馆不仅要做好提供书刊资料的工作，还要积极开展信息情报服务和参考咨询工作，发挥图书馆的情报职能。作为情报学中的基本概念，情报是指运用一定的载体，通过一定的时空方式传递给特定用户，用以解决其在生产、科研等领域的具体问题的相关专业信息和知识。一般来说，图书馆的情报功能主要体现在以下几方面。

1. 编制各种专题书目索引和科技信息动态

图书馆蕴藏着丰富的信息资源，又有很多经过专门训练的信息情报人员，其通过采取定期或不定期编制各专题文摘、索引、目录以及编辑反映最新学术动态的刊物、宣传栏，及时、准确地把信息传递给用户。

2. 开展课题检索、定题服务和科技查新

图书馆义不容辞地担负着科研课题的立项论证、开题检索、进展中的信息追踪、结题鉴定中对科研成果新颖性和创造性的论证、申报专利前的检索等工作。

3. 传递科学技术情报

当今社会文献信息资源具有生产数量大、增长速度快、社会文献的类型复杂、形式多样和时效性强等特点，这使传统的文献信息资源收藏思想——"自我中心论"，即强求"你有的我有，你没有的我也要有"的"大而全"思想面临崩溃。馆际交流、合作、资源共享正随着网络技术的蓬勃发展而兴盛起来，成为今后图书馆发展的新方向。

目前，图书馆正以前所未有地传递科学情报的深广范围和快捷速度的形象出现在世人面前。

4. 辅导用户查阅文献资料

在当今的信息社会里，文献浩如烟海，知识不断更新，强化用户的情报意识和信息意识，让用户较快掌握获取信息的技术尤为重要。图书馆在日常的解答咨询、指导用户检索毕业论文和毕业设计所需资料的过程中，培养了用户获取信息的能力和独立研究问题的能力。

5. 进行情报调研

随着市场经济的不断完善和发展，我国现代企业均面临着严峻的发展形势，需要与同类、不同类，同领域、不同领域的企业开展竞争。在激烈的竞争环境中，企业要想找到一条健康、有序、合理的竞争渠道，除了要不断提高本企业产品的竞争性，还需要注重获取其他企业的竞争情报。因此，用户在获取大量信息的基础上进行信息分析，开展专题调研、市场调研、产品调研、生产厂家调研，撰写综述性文章或调研报告，能够为领导、科技人员和企业决策者提供参谋作用。

（六）丰富人类文化生活的职能

健康的文化娱乐是人类社会生活中不可缺少的组成部分。图书馆是社会文化生活的中心之一，所以，图书馆在丰富人类文化生活中具有很重要的地位和作用。人们不仅可以去图书馆借阅自己喜爱的图书、报纸、画刊，还可以享受图书馆的文化氛围。图书馆也应有的放矢地开展更多的文化娱乐活动，如向公众提供学术会议、大型展示会、报告会、研究会，甚至音乐会、电影、文艺演出、文化旅游等服务，丰富图书馆的服务项目、拓展图书馆的服务功能。

第二节 现代图书馆的类型

一、现代图书馆分类的意义

（一）有助于科学确定图书馆的目标

正确划分图书馆的类型，对于图书馆工作目标的确定有着重要的意义，即有助于图书馆明确自己在整个图书馆系统或社会信息系统中的地位和分工。对于一个特定的图书馆而言，应该首先树立一个长远的目标，然后针对这一个目标采取一系列的措施。图书馆是服务于用户和用户群体的，所以图书馆的基本宗旨就是要满足他们的信息需求。由此可见，明确服务对象及其需求，对于图书馆的发展来说是非常重要的。一般来说，图书馆的服务目标群体、服务内容以及服务水平就是其工作目标。

（二）有助于图书馆之间的协作

在信息时代，图书馆的类型划分应该着眼于对整个图书馆系统的整体规划和指导，以使之形成一个分工明确、互为补充、突出重点、优势互补的图书馆系统，促进不同类型图书馆之间的分工协作，使它们各司其职，为用户提供专业化的、高质量的服务，从而涵盖和满足社会各个方面的信息需求。

（三）有助于实现图书馆系统的高效性

工业革命带来了社会分工和专业化，这不仅促进了科学技术的进步、提高了管理效率，也进一步提高了劳动生产者的生产熟练程度，节约了各种人力和物力资源。因此，作为整个图书馆系统的一种分工，图书馆类型的划分提高了图书馆工作的专业度，有利于图书馆资源的合理配置，提高图书馆的服务能力和水平。

社会上的用户千千万万，他们有着不尽相同的信息需求，某个图书馆自身力量很难满足用户和用户群体的所有信息需求。所以，为了针对不同需求的用户和用户群体发展图书馆的文献信息资源，必须有针对性地划分图书馆的类型。

（四）有助于突出图书馆的服务重点

对图书馆进行分类，有助于突出图书馆的服务重点。对图书馆进行分类，就是要明确不同类型图书馆的不同特点和它们的发展规律，明确这些图书馆在社会信息系统中的位置，进而为其资源配置、目标规划和服务方向提供相应的理论依据，以充分发挥各类型图书馆的作用。

二、现代图书馆分类的依据

（一）现代图书馆的资金来源

每个图书馆的创建和发展都离不开资金的支持，并且图书馆在经济上存在着一定的依附性。这是因为图书馆作为社会组织，具有公益性，其本身创造的经济效益并不能满足自身的需求。所以，不同资金来源就成为划分图书馆的依据。例如，个人图书馆的资金主要来源于个人出资，公立图书馆的资金主要来源于政府，民办图书馆的资金主要来自民间捐赠。

（二）现代图书馆的管理体制

谁控制着整个图书馆，以及谁确定图书馆的资金投入、服务对象和日常监督，关系到图书馆的管理体制问题。不同的管理者构成的管理体制，也是图书馆类型划分的依据。例如，有些图书馆归研究所领导，高校图书馆由其所在学校进行管理，公立图书馆由政府进行管理。

（三）现代图书馆的服务对象

图书馆服务的对象是用户和用户群体，他们是实际利用图书馆的人。图书馆存在的意义就是为用户服务，满足用户的信息需求，并根据特定用户群的信息需求来发展自己的信息资源体系。在这个目标的运转过程中，图书馆形成了自己的文献资源特色，进而区分不同的服务方向，形成了不同类型的图书馆。

(四)现代图书馆的文献信息资源体系

图书馆在发展过程中会逐渐形成有自己特色的文献信息资源体系,这些文献信息资源体系具有一定针对性,有些是针对不同的专业领域,有些是针对不同的用户,有些是针对不同的文献载体,有些是针对不同的语言或民族。在此影响下,就有了自然科学图书馆、数字图书馆、复合型图书馆、民族图书馆等。

三、国际上现代图书馆的类型划分

(一)国家图书馆

国家图书馆是负责所在国家获取和保存所有相关文献复本的图书馆,它是承担法定呈缴本功能的图书馆。世界上大多数国家都建有自己的国家图书馆,有的不止一所。我国的国家图书馆位于北京,由一个主馆和一个分馆组成,是亚洲最大的图书馆。

(二)高等教育机构图书馆

高等教育机构图书馆隶属于高等学校职能机构中的教学辅助部门,主要职能是为大学或其他高等教育及高等教育水平以上的教育机构的学生、教师和科研人员提供服务。此外,高等教育机构图书馆可以向公众开放。

由于高等教育机构图书馆的服务对象是专业水平较高的群体,其在性质、地位、馆藏特色、作用上也不同于普通学校图书馆,因此高等教育机构图书馆虽然属于学校图书馆范畴,但将其单独作为一种类型的图书馆。

1. 基本特点

学术性和服务性是高等教育机构图书馆的基本特点。

学术性,是指高等教育机构图书馆除了提供图书馆的基本服务,还积极参加学校的科学研究项目、教学研究等专业性较强的研究工作。

服务性,是指高等教育机构图书馆是以向在校大学生、教师和科研人员提供图书借阅、信息咨询等信息服务为主要工作的部门。

2. 教学任务

高等教育机构图书馆承担着高等教育机构的教学任务。这里的教学任务,除了信息检索方面的课程,还包括配合学校要求,对学生进行政治思想教育,宣传党和国家的政策和法律；开展用户辅导；为大学生提供工作实践基地。

3. 基本类型

高等教育机构图书馆按馆藏情况可以分为三种：第一种是大学的主要或中心图书馆或者同一馆长领导下的分布于不同地方的图书馆；第二种是附属于大学的研究所和系，不受大学的主要或中心图书馆领导和管理的图书馆；第三种是附属于高等院校但不是其一部分的图书馆。

（三）专业图书馆

专业图书馆是服务于特定的学科、知识领域或特殊地区利益的独立图书馆。它除了配合本系统和单位的信息需求进行信息搜集、整理、保管和提供相应的服务，还应积极开展深层次的信息研究和开发项目，力求不断向科研人员和领导部门提供其所需的最新的信息和发展趋势，从而使图书馆不断保持进步。专业图书馆主要包括以下几类。

第一，健康服务图书馆和医学图书馆，是为医院或者其他地方的健康服务专业人员提供服务的图书馆。

第二，政府图书馆，是为政府机构、部门、办事处服务的图书馆。

第三，工商业图书馆，是工业、企业或者商业公司为了满足本单位职工的信息需要，由其上级机构主办的内部图书馆。

第四，传媒图书馆，是为包括报社、出版社、广播、电影和其他电视等媒体和出版机构及组织提供服务的图书馆。

第五，专业学术机构和协会图书馆，是为了服务于从事某一特定行业或专业的会员和从业者，由专业或者行业协会、学术团体、工会和其他类似机构主办的图书馆。

（四）流动图书馆

流动图书馆只是图书馆的一种服务形式，是利用交通工具并配备一些设备而直接提供文献和服务的图书馆。它不需要读者或用户走入图书馆的固定场所，只需在自身所在地就可以接受服务。任何一种类型的图书馆都可以将其作为自己的一部分进行发展。

（五）公共图书馆

公共图书馆，就是公开为某一地区内所有人口提供服务的普通图书馆，常常由财政基金提供部分或者全部运行经费。公共图书馆起源于古罗马时期，这种类型的图书馆根据法律建立，从地方行政机构的税收中取得经费，向所有居民开放。

国际图联将公共图书馆的社会职能概括为四条：一是保存人类文化遗产；二是开展社会教育；三是传递科学信息；四是开发智力资源。

（六）学校图书馆

学校图书馆是指附属于高等教育水平以下的各类学校的图书馆，主要功能是为校内的学生和老师提供服务。

（七）保存图书馆和存储图书馆

这两类图书馆主要功能是用以存储来自其他管理部门的、低利用率的文献资料的图书馆。

以上这些类型的图书馆除了配合本系统和单位的信息需求进行信息搜集、整理、保管和提供相应的服务，还应积极开展深层次的信息研究和开发项目，力求不断向科研人员和领导部门提供其所需的最新的信息和发展趋势，从而不断使图书馆保持进步。

四、我国现代图书馆的类型划分

划分我国图书馆的类型，应根据图书馆的领导系统，结合图书馆的性质、用户对象和藏书内容等来进行。

（一）我国现代图书馆的主要类型

我国现代图书馆包括国家图书馆、公共图书馆、高等院校图书馆、科学图书馆、专业图书馆、技术图书馆、工会图书馆、军事系统图书馆以及中小学图书馆、儿童图书馆等。

（二）我国三大系统图书馆

在我国各类型图书馆中，以公共图书馆（包括国家图书馆）、高等学校图书馆、科学院图书馆三种类型图书馆发展比较迅速，规模比较大，成为我国图书馆事业的三大支柱。因为这三大系统图书馆藏书丰富，技术力量雄厚，设备先进，已起到藏书中心、协调中心和服务中心的作用，在整个图书馆事业中具有举足轻重的作用，所以人们习惯上称为"三大系统图书馆"。

第三节　图书馆服务的概念及其服务理念

一、图书馆服务的概念

图书馆服务是众多社会化信息服务工作中最基础、最广泛的一种方式。理解图书馆服务的概念可以从图书馆服务的含义、特点及其构成要素等方面入手。

(一) 图书馆服务的含义

图书馆服务通常也称为用户服务工作，简称用户工作，是指图书馆根据用户对文献和信息的需求，充分利用图书馆资源向用户提供文献和信息的一切活动的总称。

图书馆服务的实质是以用户信息需求为导向，确定图书馆的建设方针、服务任务和服务目标，按照图书馆工作自身的特点和规律，准确把握用户的信息需求心理和阅读规律，通过不断地创造和完善服务方式，向社会传播知识，向用户传递文献信息，从而实现图书馆服务的目标。

(二) 图书馆服务的特点

随着社会的发展，科技水平日新月异，计算机和网络快速普及，从根本上给图书馆的服务观念和服务方式带来了巨大变革，现代图书馆服务与传统图书馆服务存在很大的不同，其主要有以下六个特点。

1. 信息共享化

伴随着网络及各种信息技术的广泛应用，现代图书馆不再是孤立存在的信息实体，而是整个社会信息网络的一个个节点。在这样的背景下，图书馆之间的信息共享服务有了越来越大的空间和自由，其交互需求与作用也越来越大。人们逐渐从习惯于依靠自己所熟悉的图书馆获取信息服务，到接受信息共享服务。共享思想与共享技术使信息资源共享服务成为现代图书馆服务不可或缺的有机组成部分。

2. 文献多样化

信息载体多样化的发展打破了纸质文献一统天下的格局，也改变了用户利用文献的习惯与观念。单一的纸质文献及其传递方式已不能满足用户多元化的信息需求，以现代视频技术为手段而大量涌现的数字视频信息资源，也为人们获取丰富的多媒体信息创造了条件。这使用户的信息需求从印刷型文件越来越多地转向各种类型的数字资源。而随着数字资源的急剧增长，图书馆为用户服务的文献信息资源已呈现出印刷型文献与联机数据库、电子出版物、网络化信息资源并重的格局。这种文献的多样化特点也使图书馆的服务空间得到了极大的拓展，极大地提升了信息服务保障能力。

3. 需求个性化

随着社会经济发展速度越来越快，人们对信息需求的深度和广度也越来越高，不同用户对信息的个性化需求也越来越突出。为此，现代图书馆注重通过提升专业馆员队伍的素质、广泛应用现代信息技术以及快速提高信息综合保障能力等来改善自己的服务，为用户提供定制化、自助性、全天候的个性化服务。在这样的服务过程中，用户的自主性得到张扬，个性得到满足。因此，这也成为现代图书馆用户服务工作发展的主要方向。

4. 交流互动化

以网络与通信技术为媒介，现代图书馆与用户建立了十分便捷有效的交流关系。

首先，图书馆可以及时、准确地掌握用户的信息需求动态。图书馆根据用户的信息需求，通过有目的地搜索、过滤、加工、整理，形成信息集合，以多种途径与形式主动发送到用户终端，满足用户的信息需求。

其次，用户可以自由地向图书馆表达具体的信息需求。用户足不出户，就可以直接、快捷地从图书馆获取自己所需的信息，减少了操作的盲目性，同时可以把个人的文献资源通过信息共享空间等渠道上传提供给图书馆和其他用户，使图书馆与用户双方建立起通畅的互动交流机制。

5. 服务虚拟化

现代信息网络技术的广泛应用，使新型信息服务模式逐渐形成。这种服务模式是建立在虚拟馆藏资源和虚拟信息系统机制上的，具有虚拟化的特点，彻底改变了以文献信息资源为主线的传统图书馆服务模式。

这种虚拟化的服务突破了时空限制，使图书馆为用户提供无所不在的信息服务成为可能。在高新技术的支持下，图书馆的服务始终处于动态和虚拟的信息环境中。通过网络传输，图书馆既可以利用自有或自建的数字化馆藏资源，又可以利用电子邮件资源、网络新闻资源、Gopher 资源等多种互联网资源。因此，服务虚拟化的实质就是图书馆由向具体人群提供实体文献服务，转变为向非具体化用户提供虚拟数字信息服务。

服务虚拟化包括服务资源的虚拟化（即信息资源的数字化、虚拟化）和服务方式的虚拟化（即由面对面的阵地服务转变为面向虚拟用户、虚拟环境的服务）。

6. 服务多元化

各种新技术的应用使现代图书馆形成了网络服务平台，即在网络中将各类信息获取方式融为一体，实现信息交流、查询、获取、阅读和发布的一站式集成化服务。在这个服务平台上，用户不仅可以到图书馆享受比以往任何时候都优越的用户服务，还可以在家里或其他任何有网络的地方通过注册就进入图书馆网页，查阅信息资源，变远距离为近距离，跨越空间的界限；用户能够方便地按自己客观需求，在网络环境下集中获取自己认为最需要、最合适的信息资源。这使图书馆服务呈现出多元化、立体化、全天候的特征。

（三）图书馆服务的构成要素

图书馆服务的构成要素通常有四个，即服务的基础资源、服务对象、服务方法以及服务的组织管理。这四个要素相互联系、相互作用，从而保证图书馆各项服务工作不断变革、不断发展、不断适应用户日益多元化、多层次的信息需求。

1. 服务的基础资源

基础资源是服务工作不可缺少的物质和人力条件保障。对于图书馆而言，其所拥有的信息资源是开展一切用户服务工作的前提条件，是服务的基础。

图书馆信息资源十分丰富，它是图书馆按照自己的用户群体和服务任务，通过长期的建设而形成的巨大知识宝库。图书馆之所以能够拥有规模不等、不断成长的用户群体，原因就在于用户群体通过图书馆能够获得从其他社会机构和渠道难以得到的信息资源保障。所以说，基础资源是现代图书馆服务的构成要素之一。

一般来说，图书馆的信息资源具有三个基本特征。

第一，拥有海量的文献资源，包括传统的印刷型馆藏文献和强大的数据库群。

第二，拥有的信息资源具有相互支撑、相互关联的科学体系。

第三，拥有的信息资源通过各种联盟体系与外界资源构成纵横交错的联合保障体系。

2. 服务对象

服务对象也是图书馆服务的构成要素之一。用户是图书馆服务的对象，个人、集体和单位都可以成为图书馆的用户，由于数字图书馆的出现，现代图书馆的服务对象不仅有到图书馆建筑内来寻求信息服务的到馆用户，还有利用网络接受图书馆服务的网络用户。

用户既是图书馆文献信息资源的利用者，也是图书馆文献信息服务的接受者，离开了用户对文献信息的利用，就不会产生用户服务活动。

3. 服务方法

服务方法是用户服务工作得以实现的基本保障，因而也是图书馆服务的构成要素之一。

图书馆服务方法是指图书馆为满足用户特定的文献需求所采用的各种文献信息服务方式和手段所构成的多层次、多功能服务的有机整体。图书馆服务方法主要包括图书、报刊等文献的外借服务、阅览服务、复制服务、参考咨询服务，以及数字资源的网络信息服务等。各种服务方法相对独立，又相互渗透、相互联系、相互补充、共同发展。随着社会对文献信息广泛而高层次的需求不断增强，以及图书馆对现代化技术的广泛应用，图书馆服务方法体系必将不断丰富和完善。

4. 服务的组织管理

图书馆服务的组织管理是指图书馆以先进的服务理念为指导，充分应用现代的科学方法和管理技术，对用户服务活动进行科学计划、组织、指挥、协调、控制的过程。图书馆服务组织管理的实质就是有效地运用人力、物力、财力等基本因素，对图书馆服务系统的不断运动、发展和变化进行有目的、有意义的控制，以达到最大限度满足社会文献信息需求的总体目标。

组织管理是图书馆服务工作顺利进行的有效组织保证。图书馆服务的组织管理既贯串于整个服务活动过程，又贯串于图书馆工作的全部过程。

二、图书馆服务理念

（一）服务理念的含义

"理念"通常指看法、思想，既指思维活动的结果，亦指表象或客观事物在人脑里留下的概括的形象。所以，无论是汉语的用法，还是英语的用法，"理念"实际上就是我们对某种事物的观点、看法和信念。在很多情况下，理念和观念都是可以互用的。

服务理念是人类众多理念的一种，是人们在从事服务活动的过程中形成的主导思想，反映了人类对服务活动的深层次认识，是企业服务活动的核心。服务理念一般包括服务宗旨、精神、使命、原则、目标、方针政策等。

服务理念具有以下积极的作用。

第一，明确的服务理念对企业的管理工作具有指导作用。

第二，服务组织的服务理念作为一种思想，以语言文字的形式向公众予以公布，从而使无形的服务有形化，帮助人们了解服务的内容，并且使服务成为可以衡量的工作。

第三，合理、有力的服务理念能树立企业正面、积极的形象，帮助消费者形成对企业或企业产品的正确认识，进而促进企业建立更加具有特色的服务理念，促进企业的发展。

第四，服务理念能清晰地向员工传递明确指示，可以统一员工的思想和心态，增强他们的服务意识，从而有利于整个服务组织服务行为的统一和发展。

（二）现代图书馆服务理念的发展

随着图书馆社会职能的演进，图书馆的服务经历了从封闭到开放、从借阅到参考服务、从信息服务到知识服务、从无偿服务到有偿服务、从按时服务到及时服务、从馆内服务到馆外服务、从在线服务到全球服务化的发展过程。图书馆服务理念也随着这种服务模式的转变而有所改变。

我国的公共图书馆事业是 20 世纪初才发展起来的，图书馆的服务理念也随之不断发展。随着网络及各种信息技术的广泛应用，以用户需求为核心的图书馆服务理念已经形成，并在世界范围内推广。

（三）我国现代图书馆服务理念的特点

随着社会的不断发展和进步，图书馆工作中广泛应用了现代信息技术，尤其是文献信息处理工作，对现代信息技术进行了充分的利用。在此影响下，图书馆的服务理念发生了重大变化。我国现代图书馆的服务理念具有以下特点。

1. 人本服务

以人为本是现代图书馆管理的内在要求。在现代图书馆管理中坚持人本服务就是要从满足人的根本需要出发，制定的图书馆管理制度、创设的图书馆环境、建立的工作流程和方法都要具有人性化的特点，为读者提供方便。

为了更好地实现图书馆的公益性质，引导公众更好地利用图书馆，人本服务的理念是值得提倡的。现代图书馆应从以下几方面入手来贯彻人本服务的理念。

首先，创造良好的服务氛围，以热情的服务面貌面对用户。这里的热情，不仅指服务态度的热情，还包括完备的设施，方便、整洁的阅览服务环境等，以便让读者感觉舒适。

其次，以用户的眼光看馆藏文献信息资源是否符合用户需要，逐步建立以用户需求为中心的馆藏结构。

最后，提供优质的服务质量。优质的服务是指图书馆的服务要切实深入用户的心理需要，对用户的需求进行研究，根据图书馆的条件有计划、有目的地发展各项服务项目，并在服务品质上进行深加工，保证服务的效果。

2. 服务为先

现代图书馆不管是信息收集、加工、传递、咨询，还是环境的创建，其最终目的都是为读者服务。此外，图书馆工作的实质是服务，而不是管理。图书馆工作中的人员管理、资料管理、读者管理主要是为了服务于读者而存在的，可以说，管理只是手段，服务才是现代图书馆工作的最终目的。因此，现代图书馆管理工作要从读者的需求出发，紧紧围绕读者服务开展工作。

3. 平等

平等理念具体应体现在以下两点。

首先，馆员与读者之间平等。馆员不能单纯以管理者自居，要真正地从内心尊重读者，读者要理解和尊重馆员的劳动和付出，这是平等理念在图书馆工作中得以体现的基础性要求。

其次，平等地对待到图书馆阅读的所有读者，实现无关乎等级、身份、性别的个性化服务，尊重每一位读者，消除歧视，实现个性化与人性化的完美结合。

4. 馆际协作

当前，任何图书馆想收集某一学科的所有文献都是不可能的，更不用说收集所有的文献信息资源。因此，馆际协作是必然的发展趋势。

图书馆拥有馆际合作的基础。我国各类型图书馆虽然隶属于不同的管理部门，但究其根源大都是国家投资的机构。这就为图书馆的馆际协作提供了基础。

图书馆拥有馆际合作的能力。计算机网络的发展为图书馆馆际协作提供了技术支持。通过网络连接，图书馆现有的各项服务，用户和用户群体都可以方便、快捷地运用。

图书馆拥有馆际合作的意愿。长期以来，"充分实现文献信息资源的共建共享"是图书馆人的梦想，图书馆界应该依靠自身力量开展更大范围内的馆际协作工作，提高图书馆服务的整体水平。

5. 信息服务的无障碍化

所有公众都有享受图书馆服务的权利，而不受民族、国籍、年龄、性别、信仰、语言、能力、经济和就业状况或教育程度的限制；必须确保那些由于某种原因不能得到主流服务的少数群体也能够平等地享受到各种服务。这就要求信息服务做到无障碍化。

第四节　信息时代图书馆服务的原则与类型

一、信息时代图书馆服务的原则

（一）开放原则

从 19 世纪公共图书馆普遍发展开始，图书馆对公众就实现了开放式服务。不过，早期的图书馆开放式服务与当前的开放性服务还有一些区别，那就是开放的内容和方式还有较多限制。信息时代图书馆的开放是全面开放，包括资源开放、时间开放、人员开放和馆务信息开放。

资源开放。即开放图书馆所有的馆藏文献资源储备以及馆内的所有能为用户服务的设备，全馆工作人员都直接或间接为用户服务。

时间开放。最大限度地为用户提供使用图书馆的便利条件，是图书馆服务的宗旨之一。一些发达国家公共图书馆不仅要保证天天开馆，而且开馆时间比较长，很多延至午夜。虽然国内图书馆很多做不到这么长的开馆时间，但通过互联网的服务，也实现了 24 小时的文献检索和查询服务。

人员开放。图书馆应该为整个社会服务，为一切用户服务。

馆务信息开放。图书馆要公开与用户服务相关信息。

如图书馆工作的内容、职能、机构设置，对外服务的电话、电子邮箱等联系方式，图书馆业务范围内的工作流程、具体的职责范围，涉及用户的管理规定，受理投诉的部门和举报电话，图书馆工作的评价标准等。

（二）全面服务原则

全面服务原则在图书馆服务中的运用可以包括以下两个方面。

当用户开始进入图书馆时，会得到全方位的服务。对于用户潜在的需求，图书馆要在充分调研和分析的基础上，有针对性地引导用户和用户群体的需求，还可以通过宣传帮助用户或用户群体了解图书馆开展的新业务，从而开发他们的需求。

（三）满意原则

满意原则是图书馆服务原则中的核心原则。遵循满意原则，图书馆应从以下几方面入手,真正将各项内容落到实处。

首先,对工作人员的服务态度要进行专业的培训。

其次,对文献资源储备的采购,要通过多种手段征求用户的意见。

再次,对馆内设备进行维护,了解新增设备的功能,及时向用户讲授设备的使用方法。

最后,不断对馆员进行再教育,提高馆员的专业服务能力。

(四)方便原则

方便原则亦可称为"简便原则""便利原则"或"省力原则",主要指图书馆开展服务时要以为用户或用户群体提供方便为目标,节省他们的时间和精力,但不能影响他们接受服务的质量和效果。

图书馆服务中的方便原则主要体现在以下几方面。

在交通上方便用户。图书馆要尽量选在交通便利的地方。城市化改造在我国正大范围进行,在图书馆改造过程中,政府要充分予以关注,尽量给予政策倾斜,保证图书馆在空间位置上的便利。

资源组织要方便用户。图书馆要建立一套完善的馆藏资源检索体系,要提供方便、快捷的检索方式,使用户能顺利地检索到自己需要的文献信息资源,力争达到"一索即得"的效果。此外,图书馆要尽量为用户提供使用简便、操作容易的设备,使用户不需要过多地学习和实践就能掌握其使用方法。

服务方式要方便用户。图书馆要减少对用户的限制,并在可能范围内为社会提供更多的服务,这样才能充分发挥图书馆的功能,也把国家为图书馆投入的大量资金发挥到最大限度。

服务设施要方便用户。一方面,建筑格局应强调灵活性和实用性,设计布局应向大开间、灵活隔断的开放模式转变。另一方面,服务设施要人性化,要让人感觉到方便无处不在。

除以上这些原则,还有些服务原则可以运用到图书馆服务中,如主动原则、省力原则、科学原则、发展原则、创新原则等,但这些原则都是对上述原则的扩充和细化。

二、信息时代图书馆服务的类型

传统图书馆主要有外借阅览、信息咨询、培训教育、书目服务、复印、音像服务等服务方式。现代图书馆在分析读者信息需求特点的基础上,对传统服务模式进行了突破,在继承传统优秀服务方式的基础上开展了新的服务项目。

（一）外借阅览

现代图书馆的外借阅览服务在很多方面都有所改进，主要体现在以下两个方面。

在上架速度方面，现代图书馆实施采编合一的方案，有关图书的到馆、查重、分类、编目等各种信息都能实现快速传递查询，省时省力。

在文献范围方面，外借阅览要向读者全面开放馆藏，实行全开架管理。为了促进读者对到馆文献进行最大限度的利用，现在很多图书馆都对基础的图书文献进行全部开放，既为读者提供了便利，又提高了图书的利用率。

（二）信息咨询

信息咨询是图书馆工作的重要组成部分，通过信息咨询，可以提高读者利用文献信息的效率，也能帮助读者寻找所需的信息。

现代图书馆中的信息咨询在保留传统信息咨询的可取之处外，又有了很大的变化，具体体现在以下几方面。

在物质基础方面，现代图书馆信息咨询工作的物质基础是电子出版物、数字信息资源、各种数据库等，与传统信息咨询相比，信息来源更广泛。

在时空限制方面，现代化的咨询服务同时方便了读者与工作人员，读者不用再亲自到图书馆，可在家里或其他公共场所进行信息咨询。

在检索服务方面，中介式的检索服务减少，高层次的研究型咨询难度加大。提供文献线索是传统信息咨询的主要任务，而现代信息咨询工作中这一职能相对减弱。同时，因专业化程度的提高，这项重任必须由具有相关专业背景的馆员担当。

（三）培训教育

培训教育是图书馆生存和发展的需要，也是图书馆人力资源建设的需要。现代社会对知识越来越重视，知识更新的速度越来越快，终身教育、社会教育理念盛行。现代图书馆在读者培训中发挥着重大作用，对于读者的学习支持和重视教育具有重要的意义。

（四）数字化信息服务

在现代化信息社会，随着计算机的应用、互联网的迅速发展以及数字信息资源的持续增长，数字化信息资源已经成为图书馆馆藏资源的重要组成部分。在信息交流方面，直接交流再次取代间接交流，成为交流的主要方式，实现了人在家中坐、信息网上搜的便捷模式。与此同时，用户也习惯了接收数字信息，对数字信息的利用越来越广泛。在这样的背景下，用户对图书馆提出了数字化信息服务的要求，要求图书馆提供的信息及时、准确、范围广、内容多、形式生动、获取方便、检索方式符合自己的习惯等。

除上述几种服务，信息时代的图书馆还应具备文献复印、打印、翻译等服务；提供良好的可视性标识系统，营造整洁安静的借阅环境、高雅舒适的读书氛围；工作人员的服务态度要热情周到，对待读者要真诚，认真回答读者提出的问题。

第二章 数字图书馆的建设

第一节 数字图书馆的概念和特点

一、数字图书馆的定义

数字图书馆是对以数字化形式存在的信息进行收集、整理、保存、发布和利用的实体,其形式可以是具体的社会机构或组织,也可以是虚拟的网站或者任何数字信息资源集合。在计算机界也通常指与此相关的非常广泛的技术研究领域。数字图书馆的内容特征是数字化信息,结构特征是无论其资源组织或用户利用都可以通过网络进行分布式的管理和存取,并具有个性化、人性化和动态化特征。随着计算机和网络技术的研究和发展,数字图书馆正在从基于信息的处理和简单的人机界面逐步向基于知识的处理和广泛的机器之间的理解发展,从而使人们能够利用计算机和网络更大范围地拓展智力活动的能力,在所有需要交流、传播、存储和利用知识的领域,包括电子商务、教育、远程医疗等,发挥极其重要的作用。

不管从哪个角度定义数字图书馆,数字图书馆具备如下几个基本特征,即信息资源的数字化、信息传递网络化、信息利用共享化、信息提供知识化、信息实体虚拟化等。数字图书馆最终目的是帮助用户更好地、更快地、更方便地获取信息资源,使任何人无论何时何地都可以有效获取自己需要的信息资源。

二、数字图书馆特点

探讨数字图书馆的特点是为了更好地利用数字图书馆,当前数字图书馆在网络环境下呈现出六大特征:信息资源数字化、信息内容动态化、信息组织智能化、信息服务网络化、信息利用共享化、信息服务的知识化。

（一）信息资源数字化

这是数字图书馆的最基本特征，也是与传统图书馆的最大区别。信息存储的主要形式是从以纸张为载体的印刷型文献变成了数字化电磁信号，压缩了存储空间，改进了组织形式。数字是信息载体，信息依附于数字而存在，离开了信息资源的数字化，数字图书馆就成了无源之水。所以在数字图书馆建设初期，主要任务是资源的数字化，只有有了充足的数字化资源，数字图书馆才有了根基，数字图书馆才能利用各种技术手段为用户提供服务。这也是图书馆信息资源数字化建设的最大难题，按学校一般藏书量计算，就算用最快的扫描仪，也是一个天文数字。一般可分两步走：第一步，两种文档并存，搞好电子目录和电子检索工作，为全面实现数字化做好前期准备。第二步，全面实现图书资料数字化。数字图书馆要求提供的数字化信息包括：文字、图形、图像、动态图像、数字声音、数字视频和超媒体资源，人们可以利用信息技术对其进行制作、加工、传输、转换和二次开发。这些信息资源种类繁多，只有对它们进行科学的组织，才能最大限度地提高信息的利用率。数字化图书馆主要采取以下三种组织方法，一是文本方式，它用于对非结构化的文本信息进行组织和处理；二是超文本方式，这种方法将网上相关的信息有机地连接在一起，组成网状结构，用户可以从任一节点开始，从不同的角度浏览信息；三是主页方式，这是将某对象的信息集中在一起，全面介绍。

（二）信息内容动态化

信息内容动态化是数字图书馆的形式特征。数字图书馆将图书、期刊、数据库、网页、多媒体资料等各类信息载体与信息来源在知识单元的基础上有机地组织并连接起来，以动态分布方式为用户提供服务。

（三）信息组织智能化

信息组织智能化是数字图书馆的结构特征。数字图书馆不仅能组织和提供信息，而且还是促进信息传递、获取、交流的知识网络，能够提供附加值更高的知识以及知识导航的服务。随着计算机技术和网络技术的发展，数字图书馆将不断向智能化方向发展。

（四）信息服务网络化

在信息资源数字化的基础上，数字图书馆需要通过以网络为主的信息基础设施来实现，其服务范围是传统图书馆无法比拟的。计算机网络把分散在各地的网络资源有效地连接起来，通过网络进行分布式的管理和存取，使用户能够在网络到达的任何地方，不受时间、地点的约束，自由而便捷地利用多种方式获取自己所需的信息。网络化技术的发展为数字图书馆无缝服务提供了便捷，数字图书馆可以在任何时间、任何地点、为任何人提供所需要的服务。

（五）信息利用共享化

在数字化和网络化的基础上，数字图书馆的信息利用既体现出跨地域、跨行业的资源无限与服务无限的特征，又体现了跨地域、跨国界的资源共建的协作化与资源共享的便捷性。信息传递的网络化，使众多的图书馆能够借助网络获取各类数字信息，以满足用户日益增长的信息需求。世界各地的人们都可以通过互联网访问任何一个数字图书馆，对其信息资源进行权限内的自由使用。这种使用不受地理位置和时间的影响，使数字图书馆真正实现了信息资源在全球范围内的充分共享。

（六）信息服务的知识化

知识服务是以互联网信息进行搜索查询为基础，为用户提供有用的信息和知识。一般来说，知识服务可以提供：新闻摘要、问答式检索、论坛服务、博客搜索、网站排名、情感计算、倾向性分析、热点发现、聚类搜索、信息分类等知识服务。知识服务的提出与知识管理等概念的提出同技术的发展密切相关，其内涵在不断发展变化中。知识服务首先是一种观念，一种认识和组织服务的观念。从观念上看，知识服务之所以不同于传统的信息服务，主要表现在以下几个方面。

1. 知识服务是用户目标驱动的服务

它关注的焦点和最后的评价不是"我是否提供了您需要的信息"，而是"通过我的服务是否解决了您的问题"。传统的信息服务基点、重点和终点则是信息资源的获取。

2. 知识服务是面向知识内容的服务

它非常重视用户需求分析，根据问题和问题环境确定用户需求，通过信息的析取和重组来形成符合需要的知识产品，并能够对知识产品的质量进行评价，因此又称为基于逻辑获取的服务。传统信息服务则是基于用户简单提问和基于文献物理获取的服务。

3. 知识服务是面向解决方案的服务

它关心并致力于帮助用户找到或形成解决方案。因为信息和知识的作用最主要体现在对解决方案的贡献上。解决方案的形成过程，又是一个对信息和知识不断查询、分析、组织的过程。因为知识服务将围绕解决方案的形成和完善而展开，与此对应的传统信息服务则满足于具体信息、数据或文献的提供。

4. 知识服务是贯串为用户解决问题工程的服务

贯串于用户进行知识捕获、分析、重组、应用过程的服务，根据用户的要求来动态地和连续地组织服务，而不是传统信息服务的基于固有过程或固有内容的服务。

5. 知识服务是面向增值服务的服务

它关注和强调利用自己独特的知识和能力，对现成文献进行加工形成新的具有独特价值的信息产品，为用户解决其他的知识和能力所不能解决的问题。它希望使自己的产品或服务成为用户认为的核心部分之一，通过知识和专业能力为用户创造价值，通过显著提高用户知识应用和知识创新效率来实现价值，通过直接介入用户过程的最可能那部分和关键部分来提高价值，而不仅仅是基于资源占有、规模生产等来体现价值。

三、字图书馆作用

信息技术、通信技术、网络技术等发展推动了数字图书馆建设的迅速发展，数字图书馆建设对一个组织、一个国家，甚至全世界影响重大。其作用具体可以概括为以下几点。

（一）数字图书馆是数字资源中心

传统图书馆向数字图书馆转化过程中，积累了大量的资源，为了能更好地保存资源、利用资源，资源的数字化是一种有效手段。经过多年的发展变化，日积月累，数字图书馆拥有了海量的数字资源，此类资源包括卫星、遥感、地理、地质、测绘、气象、海洋等科学技术数据和人口、经济统计数据等。数字图书馆的建设在很大程度上是数字资源中心的建设。数字图书馆的资源主要来源于早期的纸质资源数字化。近几年，随着网络技术的发展，电子出版物日益成为数字图书馆数字资源的主要来源。互联网也是数字图书馆数字资源的来源地，通过对网络资源的加工整理，有越来越多的资源可供数字图书馆使用。

数字图书馆首先是资源的数字化，只有充足的数字化资源，才能通过网络为广大用户提供优质的信息服务与知识服务。

（二）数字图书馆是教育平台

现代社会工作生活环境下，人们需要进行终身教育学习。但由于时间原因，每个人重新走入大学学习，是不太现实的。网络化数字环境下，数字图书馆成为业余教育中心、在职教育中心，甚至趣味教育中心。人们在这里可以开展各种有益的学习与沟通，进行学习，为丰富人们的生活，促进人们素养的提高，为整个人类发展做出贡献。

（三）数字图书馆是传承文化的平台

图书馆承担着保存和传承人类文明的重要职责。在人类社会数千年的历史发展进程中，图书馆随着社会的发展而发展。在我国，图书馆的发展已有百年历史，我国形成相对完善的公共图书馆服务体系，为提升全民族素质、推动社会文明进步做出了重要贡献。

数字图书馆也是传承文化的平台，通过数字图书馆，各种文化在这里得以延伸，人们通过网络，就可以方便学习和了解各国文化历史；它也为各民族、各国家文化的继承与发扬提供便捷的工作平台。这里所指的文化平台主要包括图书馆、博物馆、档案馆、大学、政府部门提供的各种文化资源。人们通过此平台可以便捷地获取有关历史文化知识，加深民族认同感。通过该平台可以向世界展示各自的经济文化的发展水平，为人类的文明进步和发展做出应有的贡献。

第二节　数字图书馆建设基础理论

一、建设数字图书馆的作用和意义

数字图书馆作为以知识概念体系为支撑的信息服务与知识服务环境，是社会信息基础设施的重要组成部分，是未来社会的公共信息中心和枢纽。它将改变互联网上信息分散、不便使用的现状，为用户提供高质量、专业化、个性化的信息服务与知识服务。数字图书馆具有明显的跨学科特征，它涉及计算机技术、网络通信、信息管理、教育、经济、法律等诸多学科领域。数字图书馆的兴起和发展标志着互联网已逐步跨越以技术为中心的发展阶段，迈向了科学交流、艺术创造、文化传播、经济发展、知识管理等人类活动领域。

（一）数字图书馆与知识经济发展

当前，世界已经步入知识经济时代，知识成为生产力的核心要素，知识和信息成为国际竞争和全球知识经济的关键驱动因素。知识的获取、交流与创新能力是提高社会生产力的重要因素。数字图书馆作为信息与知识的有效组织形式，将极大地提高人们的知识获取与组织能力、知识创新能力，有利于国家知识创新体系的实现。数字图书馆将从根本上促进全球知识经济的发展。

（二）数字图书馆与国家信息化建设

信息化是我国加快实现工业化和现代化的必然选择。国家信息基础设施是我国迅速提高知识创新能力和国民素质，尽快缩小与发达国家差距，实现跨越式发展的重要途径，是应对知识经济和全球经济一体化趋势的保障。数字图书馆具有对信息和知识全新组织、通过网络为用户提供广泛服务的明显特征，因此是国家信息基础设施的重要组成部分。数字图书馆使人们可以跨越时空限制，获取需要的知识与信息，这将为填平我国与发达国家的数字鸿沟，缩短国内东西部地区间发展的差距做出重要贡献。

（三）数字图书馆与先进文化建设

我国数字图书馆建设的核心是建设以中文信息为主的知识资源及文化资源，以扭转因特网上中文信息匮乏的状况，向全世界充分展示我国优秀的传统文化和社会主义建设的伟大成就，形成中华文化在因特网上的整体优势，从而有力地抵御外来消极文化的影响，促进中华文化向全世界的传播，增强民族的生命力、创造力和凝聚力。

（四）数字图书馆与全民终身教育

图书馆历来是国家教育体系的重要组成部分，数字图书馆所提供的专业化、个性化、网络化的知识与信息服务，将营造出全民终身教育的良好环境，有助于逐步形成社会化的终身教育体系，对于提高我国国民素质，增强公民的信息素养与知识获取能力，加强社会主义精神文明建设，推进学习型社会的形成，实施"科教兴国"战略起到巨大的推动作用。

二、数字图书馆建设全业务流程

信息资源是图书馆开展服务的基础与前提，是图书馆赖以生存的必要条件。传统图书馆的业务流程可以概括为采、编、阅、藏，数字图书馆的业务流程实际上也可以归纳为采编阅藏，只是贯串数字图书馆业务流程的信息资源是数字资源，数字图书馆的建设与服务主要围绕数字资源的生命周期展开。

(一) 采——数字资源的采集加工

1. 数字图书馆信息资源建设

数字图书馆资源是指图书馆以数字形式发布、存取和利用的信息资源的总称。数字资源的生命周期是指数字信息资源从生产到消亡的自然运动过程,可以描述为数字资源的产生、数字资源的采集、数字资源的组织、数字资源的传播与利用以及数字资源的长期保存。数字图书馆资源建设是指对信息资源进行选择、采集、组织和管理,使之形成可利用的数字资源体系的过程。

2. 数字图书馆资源建设形式

传统文献的采集主要通过接受缴送、购买、交换、受赠、征集、接受调拨、复制等方式。数字资源的采集途径也很多,主要包括采购、数字化加工、网络资源采集、网络资源导航、专题资源库建设、受缴、受赠和交换等,这些方式可以在数字资源建设工作中并存。

3. 数字图书馆资源建设原则

我国各级图书馆开展数字资源建设已有二十余年,积累了大量的数字化产品、专题库,也形成了大量的商业数据库。总结国内图书馆开展数字资源建设的实践,我们认为数字图书馆资源建设应该重点考虑如下原则。

(1) 整体性与系统性原则

数字图书馆的数字资源与传统载体资源共同构成了图书馆的馆藏文献信息资源,图书馆应注重对这两种资源的整合,构建多种载体、多种类型、分散异构的信息资源,有机结合效能更好、效率更高的新的信息资源体系。同时应该注重资源建设内容的完整性和连续性,形成有重点、有层次、各类型资源比例适当的数字资源体系。

(2) 实用性和效益性原则

数字资源建设应该从图书馆的职能定位和用户的实际需求出发,最大限度地满足社会信息需求;同时根据各馆实际情况,统筹考虑采购方式、许可模式、许可期限、元数据、保存期限等诸多因素,达到效益最大化。

(3) 共建共享原则

在各级各类图书馆大量建设的今天,在遵守数字资源建设的效益性原则、保障性原则等的同时,还应该考虑开展跨地域、跨系统的数字资源合作建设,建立优势互补、联合共享的数字资源保障体系。

（二）编——数字资源组织与整合

在数字资源急速增长的今天，图书馆需要对海量数字资源进行有效整合，方便用户使用。

1. 数字资源描述体系

资源描述体系是图书馆资源组织中最重要的部分，就我们身处的这个信息资源社会来说，我们缺少的不是资源，而是能更好地满足用户需求的资源。这就要求把数字资源更好地组织与描述出来，让读者最方便地查找到自己需要的信息资源。

2. 数字资源整合

海量数字资源的大环境，读者需要更深层面、更细粒度、更小单元的资源揭示，更先进全面的信息查找、定位和获取目标信息的一站式服务，因此需要对数字资源进行整合揭示。

数字资源整合是综合运用各种技术、方法和手段对图书馆相互独立的各种数字资源进行系统化和优化，对各个相对独立关系进行融合、类聚和重组，重新结合为新的有机整体，形成效能更好、效率更高的数字资源体系。

（三）阅——数字图书馆服务

1. 数字图书馆服务概述

数字图书馆服务是现代图书馆服务的一部分，它利用新技术或网络的方式提供数字馆藏及相关数字资源的检索、发现、获取或推送、咨询、教育服务。

实际上，数字图书馆是一个平台、一个渠道、一种实现手段，数字图书馆的服务应该是传统图书馆服务的数字化、信息化和基于全媒体的创新，应该覆盖传统图书馆的所有服务对象和服务内容。从这个角度来说，数字图书馆的服务应该能够拓展图书馆服务渠道，使用户能够通过更加便捷的方式随时获得图书馆的资源；能够延伸图书馆服务范围，形成立法决策机关、教育科研及企事业单位、社会公众、图书馆和信息机构服务的多层次格局；能够深化图书馆服务内容，实现数字资源的无缝传递和服务；能够提升图书馆服务质量，为社会公众提供现代化、个性化、多样化的服务。

2. 数字图书馆服务内容

数字图书馆的服务应该根据服务对象、馆藏情况、基础设施建设情况，提供基于互联网、移动通信网、广播电视网等多种方式的服务，以便尽可能满足用户的需求。

（1）以深化服务内容为核心的信息化服务

深化图书馆服务内容的重点是方便读者获取资源、获取信息，应该提供一站式的元数据、目录数据、馆藏数据、专题数据库等资源检索服务；通过多种方式提供线上的资源获取服务，在版权允许的情况下提供全文下载服务。通过互联网提供馆际互借与文献传递的服务。

（2）以提升服务质量为核心的智能化服务

数字图书馆应该通过新技术、新理念，为到馆读者提供自助借还、自助办证、自助复制、智能架位、触摸屏电子报、电子阅览室等优质服务，为非到馆读者提供实名用户认证、虚拟参考咨询、在线展览、在线讲座、在线学习等便捷服务。

（3）以拓展服务渠道为核心的新媒体服务

随着信息化深入发展，移动互联网、广播电视网已经成为新的信息通道，手机、平板电脑、数字电视等新媒体终端已经成为人们获取信息的重要媒介。数字图书馆需要在互联网基础上进一步拓展渠道，提供新媒体服务，主要包括移动数字图书馆服务和数字电视服务。

（4）以延伸服务范围为核心的多层次服务

数字图书馆的服务应对社会普遍开放，数字图书馆服务应该是多层次的。对立法决策机关，应该提供政府公开信息、法律信息等各种知识化资源库，提供互联互通的立法决策服务平台、智能参考咨询系统等服务；对科研单位和企事业单位，应该提供专业化的虚拟参考咨询系统、舆情检测与分析系统等服务；对残疾人，则应该提供无障碍信息获取服务；对于少年儿童，则应提供符合少年儿童，需求的数字资源与服务。

（5）以合作共建共享为核心的网络化服务

数字图书馆的服务是一个服务网络。图书馆仅是信息社会的服务供应者之一，面对共同的信息用户，图书馆必须开展业界合作和跨界联合，开展联合编目、联合目录、联合馆藏、联合咨询等，协同作业，才能形成整个社会的服务网络。

3. 数字图书馆服务策略

（1）整体性策略

要统筹规划图书馆的各项服务，通过统一的用户界面和接口提供全面服务，充分发挥数字图书馆的优势，突破地域和时间限制，最大限度地方便服务对象。

（2）创新性策略

开展前瞻性的研究，推动数字图书馆的服务创新，通过技术创新，发展和开拓丰富多样的服务。

(四) 藏——数字资源保存

1. 数字图书馆资源保存

信息化时代，数字资源实际已经成为国家的战略资源、数字资产。在很多情况下，数字资源比物理资源更加脆弱，更容易被毁坏，或者说，它们的载体更容易被淘汰，因此数字资源的保存尤为重要。

数字资源保存的目标是，维持数字资源长期的可生存能力、可呈现能力和可理解能力。数字资源的存储介质主要包括磁盘、硬盘、光盘和磁带。

2. 数字资源的保存策略

数字资源总量庞大，需要海量的存储介质，保存成本较高；数字资源建设目的不同，决定了数字资源保存的策略也应该不同。因此，需要制定数字资源的保存策略。

（1）数字资源保存级别

根据数字资源保存和利用的不同特点，一般把数字资源划分为三类保存级别，即长期保存级、不定期保存级和临时保存级，以分别满足数字资源当前与长期利用的需要，根据保存级别制定相应的保存策略。

（2）长期保存级数字资源保存策略

长期保存的数字资源主要包括馆藏所有元数据（书目数据、规范数据、分类主题数据、馆藏数据）、馆藏数字化的特色资源数据库、重要的中文网络资源，授权永久保存的中文资源数据库，以及国外重要的工具性数据库。长期保存级的数据以光盘或者磁带为保存介质，并同时保存至少三份作为备份。对异地和离线保存的数字资源，定期对磁带和光盘进行检查、复制、转换等日常管理维护工作。

（3）不定期保存级数字资源保存策略

一时无法确认是否需要永久保存的数字资源，以及在当时有保存价值但经过一定时期后可能就会逐渐丧失保存价值的数字资源，为不定期保存级。不定期保存的数字资源主要包括网络发布的所有数字资源。不定期保存级的数据需一至两份作为备份；届时根据相关标准转为长期保存级的，需按长期保存级的要求备份。

（4）临时保存级数字资源保存策略

在线服务的数字资源出现异常丢失或损坏时，确保其能够立即恢复与提供服务的数字资源，为临时保存级数字资源。临时保存数字资源一般包括发布与服务的数字资源，资源供应商提供镜像的数字资源，以及带有对象数据链接的元数据资源等。对于在线资源，一般可考虑三个层次的存储策略，一是数字资源发布与服务系统的存储，二是本地的数字资源存储管理中心的存储，三是异地灾备数字资源存储。

三、数字图书馆的发展趋势与方向

（一）数字图书馆的发展趋势

1. 从基于数字化资源向基于集成服务和用户信息活动的范式发展

数字图书馆的发展重点经历了几个阶段。第一代数字图书馆主要在特定文献资源数字化的基础上建立数字信息资源系统，它们往往作为独立系统嵌入传统图书馆系统或上层机构信息系统中，将跨时空检索和传递特定数字化资源作为其主要任务，可称为基于数字化资源的数字图书馆。第二代数字图书馆致力于支持分布的数字信息系统间的互操作，支持这些系统间无缝交换和共享信息资源与服务，由此构造集成信息服务机制，形成基于集成信息服务的数字图书馆。这一代数字图书馆不再以文献数字化和具体数字资源库建设为核心，而主要是面向分布和多样化数字信息资源，通过服务集成构造统一的信息服务系统，形成与传统图书馆不同的新系统形态和组织形态，是数字图书馆研究、开发和应用试验的主要形态。第三代数字图书馆将围绕用户信息活动和用户信息系统来组织、集成、嵌入数字信息资源和信息服务，从而更直接、深入、有效地支持用户检索、处理、利用信息来解决问题。以用户信息活动为基础的第三代数字图书馆是今后的发展方向。

2. 数字信息存储的全息化

随着数字图书馆建设的不断进展，资源数据量越来越大，存储空间成为影响数字图书馆应用的主要因素。数字图书馆中海量的多媒体信息资源在保存到数据库之前必须进行压缩，以降低数据库成本，使数据库规模保持在可管理的范围内，所以需要着重研究能够适应快速访问的海量存储技术。从世界范围来看，凡是称作"数字图书馆计划"的，其存储的数据总量必然达到了海量规模。全息数字化技术的广泛应用以及新的压缩技术的出现，使数字化的资源所占空间大大降低，使存储设备的投入也大大减小，由于全息数据存储具有巨大的存储容量、高速的数据传输速率和短暂的访问响应时间等特点，它能够满足提供网上服务的要求。全息数字化技术将成为 21 世纪数字图书馆的主流数字化技术，全息数字化技术所生成的数字化资源都是全息的，而取代了简单扫描技术生成的资源，既保持了文献资源的信息完整，又增加了各种检索等功能，是未来数字图书馆资源的主要组成部分。

3. 多种资源的高度集成，易用性更强

多种资源的深度融合也是数字图书馆发展的基本特征，多种资源不仅是简单地堆积到一起，而是进行了高度的集成和深度的融合。读者输入一个检索词，可以将各种资源全部检索出来，阅读器是能够浏览、播放各种资源的超级阅读器。数字图书馆更具人性化和更加易用。信息导航技术、知识管理技术、全文检索技术、跨平台技术、智能检索代理技术以及推送技术的广泛应用都促使数字图书馆更加贴近用户，更加方便利用。

4. 数字化技术进一步完善

数字图书馆建设涉及计算机、网络通信等多领域多技术的综合集成，而计算机和网络通信技术发展十分迅猛，新技术层出不穷。数字图书馆需要涉及网络通信、多媒体信息处理、信息的压缩与解压缩、分布式信息处理、信息安全、数据仓库、基于内容的智能检索、超大规模数据计算、用户界面等多种技术。目前，亟待解决的关键技术包括：（1）软件重用技术；（2）多语言处理技术；（3）自动识别技术；（4）因特网人工智能技术。数字图书馆的一个基本特征是传输网络化，这就要求数字图书馆具有高速信息传输通道，以方便用户快速获取所需要的信息。

5. 标准化建设取得较大进展

标准和规范化是实现数字图书馆资源共享的前提和根本保障。数字图书馆建设管理的信息和知识包括了所有学科，数量极其巨大，类型特别繁多，而且包括了文字、表格、图像、音频等多种媒体的数字化表达，组织极其复杂；各单位所使用的软硬件规格不一、品牌庞杂。如何将众多的力量协调组织起来，实现网络的互联互通，资源的共建共享，管理的井然有序，从技术管理的角度考虑，关键就在于标准化。有了标准化，才能把各单位开发出来的信息资源按统一的格式组织起来，既能和国际网络接轨，又能为各单位所共享，形成整体性信息资源；才能用统一的检索标准建立起分布式的存储和检索系统，方便信息资源为广大用户所利用；标准化是建设数字图书馆的重要保证。

（二）数字图书馆建设的方向

1. 加强数字图书馆建设的战略管理

数字图书馆建设作为国家信息基础设施建设的重要组成部分，涉及各种技术、管理和服务问题，因而不仅需要技术层面的微观研究，也需要决策层面的宏观探讨。数字图书馆是跨部门、跨行业的大系统工程，所以应该由政府出面，统一规划、组织和协调。数字图书馆要实现通过因特网为用户提供全方位的信息服务这一宏伟目标，就必须搞好信息资源

的规划工作。为了正确把握数字图书馆的建设方向，提高项目建设的实际效益，避免在项目和技术选择上出现重大决策失误，有必要从战略管理的高度处理好数字图书馆建设中的一些宏观问题，如数字图书馆与传统图书馆关系、数字图书馆与国家信息基础设施建设、技术先进性与适用性、数字资源建设与整合、业务的社会化与个性化、项目建设与用户服务、馆际协作与资源共享、数字图书馆信息服务与知识产权保护、数字化建设与体制创新等，应该加强整体规划和可行性分析。

2. 加强特色化数字资源建设

建设数字图书馆必须重视信息资源的建设，数据库资料是数字图书馆的重要信息来源，必须考虑数据库的建设，避免因网络上缺乏信息源，造成网络闲置。应从全局出发，合理建设和使用文献信息资源，不要盲目求新、求全、求高水平，应该加强资源共享，不要重复建库和重复引进，要立足本馆、面向全球、形成特色。数字图书馆的服务对象不仅仅是到馆的读者，更多的是网络环境下的用户，因此，要加强主页设计、建立数字馆藏，提供多种形式的远程服务。要深层次开发信息知识资源，建设各馆特色化数字资源，满足高层次读者用户存取需求。数字图书馆应该注意个性化服务和特色化资源的深层次开发，提高数字图书馆生存发展的核心竞争力，促使数字图书馆走向可持续发展之路。

3. 加强数字图书馆建设的合作与协调

数字图书馆的建设是跨部门、跨学科的，并以高新技术为基础的艰巨复杂的系统工程，需要有关研究机构和部门通力合作和沟通，立足于一盘棋，打破各自为政、条块分割、重复建设的局面，以网络为依托进行整体化建设。在技术上，与外国技术企业加强合作，利用外国先进技术创建具有特色的数字图书馆。数字图书馆建设需要计算机界、软件工程界、通信网络工程界及其他学科结合成一个战略同盟。在推进数字图书馆建设时，如果单凭政府投入或图书馆自身的资金和技术力量将很难完成这一艰巨任务。图书馆界应该在认识到自身是建设主力的同时，主动与信息技术界、企业界等建立友好合作关系，广泛吸收资金、技术和人力，共同开展试验。应该加强数字图书馆的宏观管理，做好有关的协调工作。

4. 加强数字图书馆的可用性评价

可用性指的是系统必须具备一定的功能特征，如是否提供功能菜单、是否采用图形界面等。从使用上来说，可用性是指用户在一定的环境里完成一定的任务时，系统的性能或作用能否得到有效的体现。可用性是评价数字图书馆的重要质量指标，它涉及用户与数字图书馆交互的许多方面，甚至包括数字图书馆的安装和维护。可用性关系到数字图书馆的性能是否满足用户的需要，流程是否符合用户的习惯，效果是否达到用户的期望；对于数字图书馆的工作人员而言，可用性关系到工作的效率和数字图书馆存在的意义；对于数字图书馆的开发者而言，可用性直接决定着系统开发的成败。根据用户范围的不同，数字图书馆的可用性可以分为界面可用性和组织可用性两种，前者是指数字图书馆的用户界面能否满足具体用户的要求；后者是指数字图书馆能否与特定组织的实际工作相结合，满足实际工作的需要。数字图书馆不仅将改变人们利用信息的方式和模式，还将影响人们利用信息的深度和广度。因此，建立一套评价数字图书馆可用性的原则具有十分重要的意义。

5. 加强数字图书馆的知识管理

数字图书馆知识管理就是通过对数字图书馆所拥有的包括信息及知识各种要素在内的所有智力资本进行组织、开发和运营，实现知识创新、知识扩散和知识增值的过程。

6. 加强数字图书馆的标准化管理

数字图书馆建设需要众多部门和单位共同参与。如何将众多的力量协调组织起来，实现网络的互联互通、资源的共建共享、管理的有序化，关键就在于标准化。标准化与规范化是数字图书馆建设的十分突出的问题，并成为实现数字图书馆资源共享的前提和根本保障，将直接影响数据库的质量和服务效果。数字图书馆需要多个标准之间的联系和协调，更需要建立有关的标准体系。如数字图书馆的资源储备、描述与标识、检索查询、交换和使用的标准与规范等。建设数字图书馆主要涉及两方面标准。首先是直接涉及文献信息工作本身的技术标准，包括通用标准、出版专业通用标准和相关标准、图书情报专业通用标准和相关标准、档案专业通用标准和相关标准等。其次是有关计算机、通信和数据库建设的标准。例如，评价信息网站的标准及规范、数字图书馆系统软件的标准和评价指标、数字图书馆质量保证体系及质量认证标准等，有待进一步建立与应用。

第三节　数字图书馆信息资源的建设

一、数字图书馆信息资源及其建设

（一）数字图书馆信息资源的认知

在图书馆领域，图书馆的数字资源就是图书馆所拥有的信息资源。资源建设是数字图书馆整体建设的核心，数字图书馆环境的建立与完善都是围绕资源建设特别是数字资源建设而进行的。

数字图书馆信息资源建设改变了传统图书馆的信息搜集、加工、存储、检索、处理、再生和利用等方式，它依托计算机设备和互联网环境在全球范围内实现了信息传播与信息共享。在互联网事业日益发展和壮大的今天，图书馆信息检索已经成为人们查检信息的重要手段和方式。如何有效地进行数字图书馆的建设，尤其是数字图书馆信息资源的建设，以满足人们日益增长的各层次、各种类信息需求，已经成为摆在每一位图书情报工作者和有志于图书馆事业的人士面前紧迫而艰巨的任务。

数字图书馆提供文本、图像、声音、动画、视频等多媒体信息资源。信息资源的构成多样，依评判角度不同而各异。

（二）数字图书馆信息资源建设原则

1. 坚持整体性原则

建设图书馆数字化信息资源，一定要高瞻远瞩，立足全局，坚持整体性的原则。数字图书馆信息资源建设与传统的图书馆不同，它不再是孤立的事件，而是整个社会信息资源共享共建的重要组成部分之一。故而将图书馆信息资源数字化建设纳入国家和社会信息资源建设的宏观计划中。建设数字图书馆信息资源，坚持整体性原则就是要确定信息资源的收藏范围，避免重蹈传统图书馆信息资源建设的"大而全""小而全"的覆辙，避免人财力时间上的浪费，使信息资源得到最大的优化组合，使数字图书馆取得最好的经济效益和社会效益。坚持整体性的原则并不是排斥特殊性原则，相反它支持单独馆的特色收藏，遵循整体性原则不会和其他单独馆发生冲突。

2. 坚持标准化原则

标准化是数字图书馆信息资源建设中应当遵守的原则。数字图书馆按照标准化的模式建设，其信息资源更容易被全球范围内的读者所共享和利用。建设标准化原则包括数字信息储存格式的标准化、信息描述和标引语言标准化、信息检索界面和检索入口的标准化、文件浏览器或阅读器的标准化等。只有坚持标准化的原则才能为来自不同地域、不同文化的读者提供准确、快速的信息检索和信息服务。

3. 坚持科学性原则

与传统图书馆相比，数字图书馆在进行信息资源建设时更应该坚持科学性原则。一方面，在进行本馆纸本文献资源数字化前，应对其进行科学的价值评估，因为并不是所有的纸质文献都需要数字化,对那些内容陈旧、质量低劣的纸质文献资源进行数字化只会浪费时间和金钱,因此,图书馆工作者必须坚持历史的、发展的观点,科学地鉴别和选择有价值的纸本书献资源来进行数字化,使人、财、物力得到充分有效的利用。另一方面,由于数字图书馆的信息资源有一部分来源于网络信息资源,而网络信息资源具有数量庞大、杂乱无章、良莠不齐、更新迅速、缺乏监督等特点,图书馆工作者必须科学地把握网络信息资源的分布规律,辩证地筛选出有价值的信息资源,最大限度地满足数字图书馆信息资源建设的需要。

4. 坚持特色化原则

数字图书馆建设不单单要注意标准化原则,还要注重特色化建设。数字图书馆建设追求特色化,也就是要有自己鲜明的个性和特点,努力做到信息资源的人无我有、人有我全、人全我精。数字图书馆要根据当地经济和社会文化发展的状况,结合馆藏文献信息资源的特点,确定馆藏特色范围。一方面,要将本地和本馆有特色的文献资源数字化;另一方面,要根据所确立的馆藏特色范围,通过网络搜索、社会征集、个人捐赠、资金购买等方式,建立自己的特色馆藏,如地方文献数据库、地方经济发展数据库等。若一味地建设内容相似的数据库,只会走进重复建设和资源浪费的误区。

5. 坚持法治化原则

数字图书馆信息资源的存储、处理和利用的方式发生了极大的改变,用户能更加方便地复制和下载自己所需要的信息资源,这就给传统的版权制度造成了巨大的冲击。数字图书馆信息资源建设应更加坚定地走法治化的道路,坚持法治化原则,增强版权保护意识,加强版权保护力度。一方面,数字图书馆要把馆藏资源数字化的重点放在公有领域的作品,同时要尊重作者的冠名权,保护作品的完整性;对于未进入公有领域的作品,要严格保护作者的著作权,保护作者的合法利益。另一方面,要规定数字化信息资源合理使用的范围,无论是公有领域还是非公有领域的数字化作品,都应限制批量复制或恶意下载,尤其是那种带有明显商业目的的大量下载,以保护公有领域作品作者的名誉和非公有领域作品作者以及数字图书馆的利益。

6. 坚持服务性原则

"用户第一,服务至上"是数字图书馆的服务宗旨。数字图书馆信息资源建设的最终目的就是充分满足用户各层次、各种类的信息需求。如果不能满足用户的信息需求,即使数字图书馆建设得再完善、数字信息资源再有特色,也只是橱窗里的摆设。为了更好地履行服务性的原则,数字图书馆对用户进行信息需求调查是十分必要的。由于数字图书馆用户遍及各地，因此用户信息需求调查工作必须统一领导、分工协作，以减少调查所需要的人力、财力和物力。只有真正了解用户的现实的和潜在的信息需求，才能有针对性地建设内容新颖、有特色的数字信息资源，最大限度地满足用户的信息需要。

（三）数字图书馆数据库的建设

数字信息资源建设主要是指数据库建设。这不仅是因为数据库建设在信息资源建设中起着举足轻重的作用，数据库建设的水平是衡量信息资源建设水平的重要标志，还因为无论是馆藏文献资源的数字化建设，还是数字信息资源的购买或者数字信息资源镜像的设立，它们的最终表现形式仍然是数据库。通常，数字图书馆的数据库建设包括以下四个方面的内容。

1. 馆藏书目数据库

馆藏书目数据库是开发信息资源的基础数据库，是数字图书馆全面实现网络化、自动化的基础。其作用是对馆藏进行揭示，便于用户检索和利用数字图书馆的信息资源。

2. 联合书目数据库

联合书目数据库通常是一个地区或者一个国家的数字图书馆等信息机构在馆藏书目数据库的基础上，通过联机编目而建立的反映文献资源收藏处所的书目数据库。联合书目数据库有利于地区间的协作采购和文献资源保护体系的建立，是实现馆际互借、资源共享的前提条件。

3. 特色文献数据库

特色文献数据库是数字图书馆等信息机构根据其文献资源状况与用户的信息需求，选择馆藏中富有特色的文献资源所建立的专门化数据库。特色文献数据库可分为特色文献书目数据库和特色文献全文数据库两个类型。特色文献数据库有利于深层次地揭示和利用文献信息资源，是数字图书馆等信息机构提高信息资源服务水平和开展信息资源共享的重要途径。

4. 数据库产品

数据库产品的类型多种多样，如光盘数据库、单机版数据库、联机数据库、书目数据库、全文数据库、事实数据库等等。这里所说的数据库产品是指数据库生产开发的数字图书馆能够通过购买获得其所有权的各种数据库，即不包括数字图书馆只能购买其使用权的各种数据库。购买数据库产品有利于提高数字图书馆信息资源建设和共享的成本效益，是数字图书馆信息资源建设的重要而又卓有成效的手段。

信息资源建设活动要比文献资源建设活动宽泛得多、复杂得多，只有将文献资源建设、数据库建设与网络信息资源建设有机地结合起来，才能称得上完整的信息资源建设。

信息资源建设、文献信息资源建设和馆藏建设是层层包容关系，信息资源建设犹如一级类目，属于宏观层面；文献信息资源建设犹如二级类目，属于中观层面；馆藏建设犹如三级类目，属于微观层面。文献资源建设尽管失去了统率地位，但其作用并未削弱，而且只能加强不能削弱。因为网络环境下更需要文献资源的整体化建设，同时有条件比过去做得更好。而微观层次的藏书建设则是宏观和中观建设的基础。

二、数字图书馆信息资源介绍

（一）数据库

数据库是计算机可读的、有组织的相关数据的集合。随着计算机应用而产生的信息存储、处理、包装、开发和利用的一种现代化形式。迄今为止，数据库已广泛地应用于各行各业，成为数字化资源的主体。其内容极其丰富，类型也很多。根据数据库内容，可划分为文献型数据库与非文献型数据库。文献型数据库包括书目数据库、二次文献数据库、书目相关数据库与全文数据库等；非文献型数据库包括数值数据库、事实数据库、管理型数据库。依数据的媒体类型可划分为文字数据库、声音数据库、图像数据库、多媒体数据库等。

数据库的存储量很大，只有少数以光盘形式存在，大多数为联机数据库，尤其是因特网发展以后，各出版商或数据库生产商纷纷利用因特网发行文献信息数据库，用户通过因特网访问使用。

（二）电子期刊

电子期刊包括以电子邮件等方式在网络上出版和发送的电子学术刊物和电子论坛，以及以磁盘、磁带、光盘等形式发行的电子刊物，包括印刷期刊的电子版。在形形色色的电子化出版物中发展最快的是电子期刊，参与电子期刊编辑和发行的有专业学会、社会团体、商业出版社、书刊发行商、联机数据库、因特网信息服务商等，形式上有一部分电子期刊沿袭印刷版的格式体例，而大部分采用自行创新的格式，与印刷版相差甚远。电子期刊的类型很多，大致可以分为联机服务型、CD-ROM 型、网络型等。从发展角度来说，今后电子期刊应主要在于网络的电子期刊的发展，网络电子期刊的种类很多，按是否收费阅读，可以分为免费访问型和收费订阅型；按期刊内容组织形式，可以分为集合型和发布型。电子期刊具有许多印刷版期刊所无法比拟的优点，如价格低、出版周期短、期刊容量无限制、使用方便、灵活，具备检索功能，表现形式丰富，可充分利用多媒体技术，具备超文本（媒体）链接功能，内容修订方便，交互性强等优势。

（三）电子图书

电子图书的出现较电子期刊要晚，种类也比较少，有 CD-ROM 型、网络型和 E-BOOK 三种形式。近年来，网络电子图书获得了大规模的发展，早些年电子图书主要以百科全书、词典这类参考工具书居多。现在网上有了大量的文学作品等，涉及的领域非常广泛，包括文学、艺术、科学、人文等，并且越来越多。网络出版的电子图书具有多媒体、信息量大、出版周期短、成本低、价格便宜、传送方便等优点，是发展前景很宽广的新媒体。

（四）电子报纸

电子报纸是通过计算机网络以联机方式或在因特网上直接进行传递的报纸，也有用光盘发行的报纸全文数据库。报纸上网已成为一股潮流，世界上主要的报纸纷纷上网，形成了一股强劲的上网热潮。网络电子报纸种类越来越多，内容也越来越丰富，检索和浏览技术也越来越成熟。这些电子报纸不完全等同于相应的印刷版报纸，在网上进行报纸阅读，需要根据设置要求进行操作。

（五）网络信息资源

经过几十年的发展，因特网已经成为国际性的信息宝库。因特网上的信息浩如烟海，其表现形式多样，有文本、图像、表格、声音、超文本等；信息层次多，包括一次文献、二次文献、三次文献等。还有网上电子信件、电子公告、专题讨论栏目、新闻、通告等形式的信息发布活动产生的大量信息内容。从内容范围上还可以分为五个大类：学术信息、教育信息、政府信息、文化信息、有害和违法信息。从学术角度来看，因特网上有包括社会科学、人文科学、自然科学在内的大量学科信息，有关专家和用户或通过电子邮件发布最新的研究内容及方向，交流各自的观点，或通过兴趣小组进行讨论，也可以检索、浏览或下载各类信息源。巨大的信息量在一定程度上满足了用户的信息需求，由于因特网上的大多数信息比较分散、无序，信息规范化程度不高，用户不容易查找到自己所需的信息，或者查到的信息不完整。

（六）数字图书馆信息资源的类型

数字图书馆提供的信息资源非常丰富，从其来源看主要有两个方面：一方面是图书馆自建的，包括印刷型文献信息资源的数字化和图书馆自己开发的数据库或光盘；另一方面是从外界获取的，主要有购买、租用或交换，接受捐赠，从因特网上下载的信息资源等。

从存储的地理位置来看可以分为现实资源和虚拟资源。现实资源是图书馆所拥有的数字化文献资源，是放置于本地的信息资源；虚拟资源是指必须通过计算机通信网络才能获取的数字化文献信息资源，是放置于异地的信息资源。

从其信息源来看，可以分为数据库、电子图书、电子期刊、电子报纸、联机馆藏目录库（IPAC）、网络资源等。

不仅如此，数字图书馆还能提供许多动态的信息和通告，并将传统出版物以多媒体和超文本方式进行组织来提供服务。

三、数字图书馆信息资源体系的构建

基于网络环境下现代图书馆信息资源建设的新变化，数字图书馆应将其信息资源建设的主要目标定为建立起多层次的信息资源保障体系，从整体上保证信息资源质量的提高与规模的扩大。针对这一目标其研究内容主要应包括以下几方面。

（一）设计和完善信息资源体系结构

信息资源体系结构是指信息资源体系各要素相互影响、相互作用与结合的构建方式。现代图书馆在设计各自的馆藏信息资源体系结构框架时，应根据自身机构性质、服务对象、原有收藏基础、硬件设施、软件配置、发展目标等因素，来选择并确定信息资源建设的原则、收藏范围、收藏重点和采集标准。以综合性大学的图书馆为例，因属于高校馆中的综合性图书馆，其服务对象以全校不同专业的师生为主，建设目标是为全校的教学、科研提供信息服务，设计时还要考虑本馆实现自动化程度、人员素质、经费投入等因素，最终建立科学合理的信息资源体系结构。同时，还要充分考虑结构的可行性及学科配置等，从而形成最佳的结构体系。具体的结构要素可以从以下几方面考虑：学科内容、收藏水平级次、信息类型、语种、出版时间、载体形式等。

此外，由于信息资源体系结构是动态有机体，在其形成和发展过程中，还要随着信息环境和信息用户的变化而不断进行调整完善，保证其最佳的结构状态。

（二）馆藏建设的基本原则

数字资源馆藏建设应该根据图书馆的性质与任务，发现、识别、评价、选择电子信息资源，融入图书馆的馆藏与服务体系中，围绕图书馆的总体发展目标及用户的需求，较系统、完整地收藏各学科的中外文电子资源，建立起科学、合理、适用的数字资源体系，以满足图书馆读者现实与潜在的信息需求。

数字资源馆藏建设是一项长期的任务，图书馆应根据不同时期的发展需要，制定切合实际需求的数字资源发展规划，指导数字资源馆藏建设。经过较长时期的积淀，逐步形成具有本馆特色的馆藏体系。

为了更好地、高效地建设好数字资源馆藏，需要有相应的配套政策来规范和指导数字资源的建设工作。明确数字资源馆藏的发展目标，提供资源选择和评估的标准，规范工作流程，保障数字资源的购置经费。

图书馆应该围绕数字图书馆的建设目标进行数字资源的建设，不求大而全、要求精，形成本馆的资源特色，在保障读者广泛需求的基础上，全面收藏特色学科资源，做到人有我全、人无我有。对用户而言，信息的获取除了准确性、方便性外，更重要的是新颖性。图书馆应集中优势，重点建设特色资源，保证其系统性和新颖性，使自己在某类信息资源上占垄断地位，应根据本地区的特点和本馆的性质、任务与读者需求，围绕地区优势、资源优势、学科优势构思并收藏区别于其他单位的、独具特色的数字资源。

数字资源馆藏建设是持续发展的有机整体，要按照馆藏发展规划使各类型、各学科的资源增长在一定时期内保持相对稳定的结构比例，同时按学科发展同步发展。注意资源收集的连续性和完整性。要充分考虑各类型的资源，一次文献、二次文献的综合平衡，使读者能够最大限度地获取所需资源或资源线索。

建设本馆数字资源馆藏要注意与其他图书馆文献信息机构协调，将本馆馆藏纳入地区、高校、全国的各类文献资源保障体系中，实现资源的共建共享。在承担义务的同时，要充分利用外部的数字文献资源，通过文献传递等手段为本馆读者服务。

数字资源和纸质文献资源相比，有比较大的差异。对传统的印刷型文献资源而言，在不具备资源共享条件的情况下，图书馆为读者提供服务必须拥有资料，馆藏即为拥有。馆藏是图书馆开展服务工作的基础与前提。数字资源馆藏并非一定要存放在图书馆内部，是以是否可以通过各种途径获取利用为标志。数字资源形式多样，按存储地点划分，可分为虚拟和现实馆藏。虚拟馆藏是指资源存放在图书馆以外的地方，但读者可以通过网络登录的方式使用。现实馆藏是指数字资源以某种存储介质存放在图书馆内部供读者使用。

按使用权限划分可以分为拥有和获取两种方式。拥有方式指图书馆以买断形式将资源永久保留在馆内供读者使用，不管今后是否再次购买，图书馆对已购资源拥有保存权和使用权。获取方式指图书馆按年购买资源的使用权，在规定的时间内供用户使用，一旦超过签约时间，将自动停止服务，必须再次签约付费获得使用权。

按运行方式划分可分为镜像方式和链接方式。图书馆为了使用户更方便快捷使用数字资源，一般将使用率高的资源在本馆做镜像站点，充分利用内部网络的带宽提高下载速度。链接方式是指通过互联网的超链接功能，将存放在任何地方的资源提供给用户使用。

数字资源的馆藏发展规划应该包括数字资源在图书馆文献采购经费中所占比例以及各类数字资源的构成成分和比例。

第四节 数字图书馆环境的建设

一、数字图书馆的网络优化

网站优化可以分为两个方面，即从狭义和广义来说明，狭义的网站优化，即搜索引擎优化，也就是让网站设计适合搜索引擎检索，满足搜索引擎排名的指标，从而在搜索引擎检索中排名靠前，增强搜索引擎营销的效果。广义的网站优化所考虑的因素不仅是搜索引擎，还包括充分满足用户的需求特征、清晰的网站导航、完善的在线帮助等，在此基础上使网站功能和信息发挥效果。也就是以企业网站为基础，与网络服务商、合作伙伴、顾客、供应商、销售商等网络营销环境中各方面因素建立良好的关系。

网站优化的基本思想：通过对网站功能、结构、布局、内容等关键要素的合理设计，使网站的功能和表现形式达到最优效果，可以充分表现出网站的网络营销功能。网站优化设计的含义具体表现在以下三个方面。

从用户的角度来说，经过网站的优化设计，可以方便地浏览网站的信息、使用网站的服务。

从基于搜索引擎的推广网站的角度来说，优化设计的网站使搜索引擎可以顺利抓取网站的基本信息，当用户通过搜索引擎检索时，企业期望的网站摘要信息可以出现在理想的位置，使用户能够发现有关信息等，从而点击搜索结果并达到网站获取进一步的信息，直至成为真正的顾客。

从网站运营维护的角度来说，网站运营人员可以对网站方便地进行管理维护，有利于各种网络营销方法的应用，并且可以积累有价值的网络营销资源，因为只有经过网站优化设计的企业网站才能真正具有网络营销导向，才能与网络营销策略相一致。

由此可见，网站优化包括三个层面的含义：对用户优化、对网络环境（搜索引擎等）优化，以及对网站运营维护的优化。

网站设计对用户优化具体表现为：以用户需求为导向，设计方便的网站导航，使网页下载时速度增快，网页布局合理并且适合保存、打印、转发，网站信息丰富、有效，有助于获得用户的信任。

网站设计对网络环境优化表现为：适合搜索引擎检索（搜索引擎优化），便于积累网络营销网站资源（如互换链接、互换广告等）。

网站设计对网站运营维护优化的含义是：充分体现网站的网络营销功能，使各种网络营销方法可以发挥最大效果，网站便于日常信息更新、维护、改版升级，便于获得和管理注册用户资源等。

从上述对网站优化设计含义的理解也可以看出，网站优化设计并非只是搜索引擎优化，搜索引擎优化只是网站优化设计中的一部分，不过这部分内容对于网站推广的影响非常明显和直接，因此更容易引起重视。同时，我们可以看出，在有关网站设计的对网站推广优化的内容中，这里并没有特别强调搜索引擎优化的作用，因为真正的网站设计优化不仅仅是搜索引擎优化，应坚持用户导向而不是搜索引擎导向。

二、数字图书馆的资源优化路径

（一）基于知识管理的数字图书馆资源建设的优化路径

1. 知识管理与数字图书馆资源建设的优化

在知识经济时代，经济的发展是以高新技术产业为支柱，企业的发展日趋向高技术化、知识化转化，知识管理首先应适用于这些新兴的"知识型"企业。现在以微软、英特尔、安达信等跨国公司为代表的"知识型"企业纷纷推出了各自的知识管理方案或行动计划，由此产生了相当可观的经济效益，这种模式被称为"微软管理模式"，被众多企业所效仿。在数字图书馆的建设中，知识起着重要的作用，图书馆如何运用知识管理的理念指导和优化数字图书馆资源的开发建设，以提高图书馆在不断变化的数字环境下的应变能力，是图书馆在21世纪自我生存和发展的必然趋势。

2. 知识管理和人力资源的开发与利用

知识管理理论的重要思想就是强调人在知识管理过程中的核心作用。人既是管理的主体,同时也是管理的客体,人力资源是图书馆知识资源中最具创造力的资源,我们将其纳入整个资源体系中。

知识信息咨询也是现代信息产业的重要组成部分,信息咨询水平的高低直接影响图书馆未来的社会地位及影响力。图书馆员依托于丰富的数字图书馆信息资源、先进的信息咨询工具和 Internet 网,提供的服务范围包括定题服务、科研查新服务、读者培训服务等,并力图向全社会深入广泛地延伸,向全方位的服务模式转化。咨询馆员要根据馆藏特色和市场经济对信息的需求,与各级图书馆、科研机构、学术团体、金融、贸易等领域的咨询机构合作,扩大服务范围,提供人才、物资、市场、金融、法律等综合咨询服务,开展常年的信息代理、中介服务、技术咨询、专题资料的搜集和跟踪服务。

因此,图书馆要根据整体资源配置的需要,积极引进一些学有特长和特殊专业的人才;馆员应定期接受教育培训,积极参加各种会议及学术交流,不断更新自身知识,提高自身的竞争力。总之,图书馆员应立足于丰富多彩的图书馆实践,通过捕捉、发现实践中的问题,对其加以创造性的研究,为发展和完善图书馆理论体系增砖添瓦,成为发展和创新图书馆学的一支重要力量。

(二)数字图书馆中网络信息资源的优化整合

1. 图书馆信息资源的优化整合

(1)图书馆信息资源优化整合的原则性

①科学性

信息是一种网状结构,由众多结点和结点间的联系组成。结点是组成信息的最细成分;信息关联是若干个信息因子间的联系。信息资源的优化整合针对的是信息因子的有序化和信息关联的网络化。

②系统性

网络环境下图书馆信息资源由实际馆藏和虚拟馆藏两部分组成。只有系统地、连续地从馆内与馆外、国内与国外收集和积累各种数字信息资源,进行优化整合,才能不断充实和发展图书馆的实际馆藏和虚拟馆藏。

③标准化

传统图书馆在信息资源建设过程中采用的软件差异很大,各馆的数据库建设也各自为政,其标准和格式不一致,无法在网上共享。信息资源整合必须按标准进行。

④共享性

图书馆间只有通过协同发展,才能形成互为补充、利用、推动的文献信息资源保障体系，才能最终实现提供网上信息服务，发挥信息网络的作用。

⑤效益性

社会效益指数字图书馆运行所产生的有益于社会进步的效果，给读者所带来的满意程度，对社会发展所起到的促进作用等。经济效益主要指图书馆对科技进步、宏观决策以及相关产业发展所起的作用。

⑥特色性

从网络整体出发，进行资源的合理配置，把图书馆网络建设纳入整个地区、国家和全球信息网络中，加强特色数字信息资源开发，建立特色数据库。

⑦安全性

采取必要措施，保证图书馆网络与信息资源的安全与正常运行。保护措施有：虚拟专用网（VPN）技术、加密技术、网络病毒防治技术、跟踪检测技术等。

（2）图书馆信息资源优化整合的基础

信息资源网络建设是信息资源优化整合的基础，信息资源网是根据用户的不同信息需求，有针对性地进行有关信息的采集、加工、包装，形成信息产品提供给用户，在通信网和增值服务网上组织运行的信息应用系统。

（3）图书馆信息资源优化整合的重点

网络环境下图书馆数据库建设应走馆际联合协作的建设道路，同地区、同专业类型、同系统馆间应分工协调，尽可能地避免重复建设和人力物力的浪费。

（4）图书馆信息资源优化整合的目标

现代图书馆更加注重信息资源开发利用程度，最大限度地满足不同用户的需求。信息资源体系建设以网络为依托，将不同的馆藏资源共享，满足更大空间范围用户的信息需求。

2. 图书馆信息资源优化整合的工具

（1）分类法

分类法把表示各学科的类目，按信息资源分类原理进行系统排列，并以代表类目的数字、分类号作为文献主题的标识。分类法主要按学科、专业集中文献，并从信息资源分类的角度，揭示各类文献在内容上的区别和联系，提供了分类检索文献的途径。

（2）主题法

主题法将自然语言的语词经过规范处理后直接作为文献主题标识，并按字顺排列，结合参照体系和其他方法间接地显示概念之间的关系，提供由事物名称检索文献的途径，包括标题法、单元词法、叙词法、关键词法、自由标引法及其他自然语言检索法。

3. 信息资源优化整合与开发利用的具体建议

（1）宏观调控，组织协调

建立全国性信息资源管理的职能机构，负责全国信息资源建设、布局、共享及优势互补的总体规划，组织实施全国各系统、各地区图书馆信息资源的合理配置、优化整合及开发利用，对信息化、自动化、网络化建设和发展等进行统一规划和指导。

（2）规划目标，分工协作

从全局出发，制定有关图书馆信息资源优化整合与开发使用、共建共享和发展方向的规划目标，用这一规划对信息资源建设进行统一管理、统一协调，最终建立起多级的信息资源保障体系。按照分工的原则，中央级组织机构负责全国的信息资源开发与利用，各省、市级负责本省、市信息资源的开发与利用。

（3）制定法规，规范标准

尽快颁布有关法规法令，把信息资源建设置于法律监管之下，制定有关的标准与规范，使信息资源建设大到知识产权、小到信息加工的标准做到有章可循。

（4）多种渠道，增加投入

网络环境下图书馆数据库建设是首要任务，应更多地增加专项资金投入。在政府加大投入的同时，各馆可根据数据库类型和规模的不同，利用国家投资、社会集资或机构内部匹配资金，有计划地建设各种数据库。

（5）加强队伍建设，提高素质

必须造就一大批懂图书馆管理，掌握计算机技术的复合型人才：要系统学习图书馆学理论，运用理论指导实践；不仅能熟练使用计算机，掌握外语、网络、国内和国际联机检索及网络技术，还要有网络维护、开发软件的能力；同时，要进一步加强在职人员的业务培训，从整体上提高馆员的业务素质和工作能力。

（6）信息资源共建共享

图书馆信息资源的优化整合与开发利用必须走合作开发之路，走共建共享之路。利用整体的智慧、资金、人才，采取共建策略，是实现网络环境下图书馆信息资源优化整合与开发利用的唯一出路。

（三）数字图书馆资源积累模式优化策略

以高校数字图书馆为例，在建设数字图书馆的同时，提高网络信息资源服务水平，是当前高校图书馆发展的重要目标。重视资源积累工作、努力实现数字化资源的高效积累，成为高校数字化图书馆建设的重要任务。数字化资源积累方式有自建、购买、馆际共享等，各种积累方式又有其自身的优缺点与适用前提，通过发挥优势、弥补不足的方式来优化资源积累模式，是实现资源高效积累的有效措施。

1. 资源积累模式

高校数字图书馆资源积累方式，可分为自建数据库资源、商业化数据库资源、馆际共享数据库资源，互联网检索资源等。

自建数据库是工作人员将馆藏资源进行数字化处理，或馆藏数字化资源整理，并收录入数据管理系统而成的有形资源，包括随书光盘、学位论文、影音数据库等。

商业化数据库是数字图书馆以试用或购买的方式从信息服务企业获得的资源。由于数字图书馆只有商业化数据库的使用权而没有所有权，因此商业化数据库资源属于无形资源。

馆际共享数据库是高校图书馆通过馆际合作、资源共享获得的数字图书馆自建数据库资源。馆际共享形式一般有两种，一种是"自建-共享"，另一种是"共建-共享"。

互联网上存在大量免费资源，图书馆工作人员通过搜索、整理的方式进行资源获取，也是高校数字图书馆资源积累的有效方式。

2. 资源积累方式特点

自建、购买、馆际共享、网络检索等方式都可以实现资源的有效积累，但各种资源积累方式又存在一定的优缺点与适用前提。通过对这些资源积累方式在人力投入、资金投入、数据可靠性与完整性、读者服务稳定性与网络环境方面的特点进行比较，可以发现，自建、购买、试用等资源积累方式都存在一定的缺点，馆际资源共享的方式又以馆际合作与自建数据库资源积累为前提条件，因此只有根据高校数字图书馆的特点与实际情况，合理优化资源的积累模式，才能实现资源的高效积累。

第三章 数字图书馆的服务理念

第一节 数字图书馆人性化服务理念

一、图书馆人性化服务理念的内涵

人性,一般的哲学含义是人的最根本属性,即人之所以为人之根本。人是有思想、有感情、有主动性、有创造力的,但同时也有诸多弱点的一种复合体。人性化服务理念是指服务要符合人性,服务者在服务过程中要认识人性,重视人的尊严与价值,包容人的弱点,同时,以满足人对资源的需求和社会需求(安全感、舒适感、自由、权利、关心、尊重、心理满足)为核心来展开服务。

图书馆人性化服务理念的具体含义就是在图书馆整个运行过程中所蕴含的承认、尊重和实现人的价值精神,即服务人员对服务活动采取富于人情味的服务方式。这里的"人",主要指图书馆的服务对象——读者。满足读者真实信息的客观要求,这是图书馆发展的根本动力和支点,图书馆工作的重点也从以藏书建设为主逐步转变为以用户服务为主。良好的人性化服务必须建立在人性的基础上,因为服务不是僵化的条文,也不是冷漠的循章办事。图书馆着力推行服务的人性化,在心理上拉近了与读者的距离,使图书馆的服务更加顺应了人性。人性化服务是图书馆现代化的标志,是永恒的旋律。

(一)网络对图书馆的影响

在网络时代,人们传递信息、获取信息、交流信息的方式和工作平台都发生了前所未有的变革。作为信息集散地的图书馆,网络对其业务的影响是显而易见的。

1. 图书馆馆藏内涵的拓展

图书馆正在从传统的纸质图书馆向现代的数字图书馆、电子图书馆和虚拟图书馆发展,开始形成多种载体并存的收藏格局。随着 Internet 的广泛应用,现代图书馆馆藏内容已发展到纸介质、光盘、网络三位一体，成为内容更加丰富、种类更加繁多、图文声色并茂的超级图书馆。

2. 图书馆服务方式的繁衍

图书馆的信息服务方式由传统信息服务方式向现代信息服务方式转变。传统的信息服务主要靠一些经验丰富的咨询员借助馆藏目录系统、检索工具、馆藏期刊等来满足用户的需求。这种服务方式往往会因为主观或客观因素的影响而带有服务效率低、服务深度和广度不够等缺陷。而网络条件下信息用户需求特点决定了利用因特网开展信息服务的模式不仅具有高速、快捷、全面的特点，而且能够进行异地及远程查询、借阅、集中分类、编目，因此它可以最大限度地满足用户对知识信息全方位和综合化的需求。

（二）图书馆人性化服务理念的重要性

随着以计算机为代表的网络技术在图书馆的广泛应用，图书馆的传统信息源趋于数字化、电子化、智能化、虚拟化。这一切给图书馆带来令人鼓舞的理论创新、职能延伸和工作变革，同时面临着巨大的技术挑战。炫目的技术光辉和新事物的陌生使图书馆人的目光更多地聚焦于图书馆的技术和技能层面。计算机编目逐渐代替了手工作业，图书馆办公自动化程度不断提高，先进的信息存储技术使图书馆在有限的空间内能容纳更多的资源，联机检索使信息的获取突破了时空的局限。然而，图书馆的人文意识却被忽略了。对人的关心减少了，"技术就是一切"似乎是现代图书馆发展的理念。令我们不得不担心，网络时代对科学技术的过分热切会不会使图书馆走向误区，在我们一心一意追赶潮流的同时，会不会将最珍贵的人性化服务理念忽视与淡化。因而，在未来的图书馆建设中，倡导人性化服务理念具有特殊的意义。

1. 人性化服务理念是社会发展的需要

随着社会的发展进步和人的自我意识的觉醒，人们的社会进步观已经从致力于物的发展，以物为中心逐渐过渡到以人为中心。强调人的发展是经济和社会发展的基础和动力。社会现代化以人的现代化为目标，以人获得自由为体现。因此，人的发展是社会向现代化方向发展的基本动力和根本目的。在这种社会进步观的指导下，在注重技术发展的同时，人也得到越来越多的尊重与关注。人性化服务理念的核心即源于此。

2. 人性化服务理念是网络时代竞争的需要

长期以来，图书馆担负着保存人类文化遗产、开展社会教育、传递科学信息、开发智力资源、提供文化娱乐等社会职能。这些职能随着时代的发展变化而不断丰富，同时也面临着其他信息提供者的竞争,使图书馆把读者能否得到全面的人性化服务问题摆到了更重要的位置上。图书馆要与其他信息提供者相互竞争,不仅仅要有技术上的支持,人性化的服务也将是竞争的重点。具有浓厚人文传统的图书馆应发挥其"以人为本"的服务精神,变被动服务为主动服务,在学习现代技术和技能的同时,以务实的精神去研究和创新服务手段和方法,在新的信息环境下吸引更多的读者,取得竞争的优势。

3. 人性化服务理念可以克服单一、生硬、机械的网络管理

Internet 丰富的信息资源给了用户把握信息的快捷方式,但在交流方式上过于单一,在交流感觉上过于生硬,在交流手段上过于机械,从而使用户在获取信息时容易产生腻烦心理,以致影响知识信息的传播和接受。人性化服务理念以一种人文情操的潜在陶冶方式弥补了信息技术这一工具价值的不足,从而给图书馆业务注入了人的因素,使充满机械设备的馆舍增添了温馨的人文气息。

二、实现图书馆人性化服务理念的举措

(一)吸引读者参与图书馆管理,加强与读者的交流和沟通

在图书馆 web 站点设立意见及建议箱,公布各书库、阅览室的 E-mail 地址,建立学科馆员和各系情报教授之间的联络,成立诸如:"图书信息委员会""学生图书管理委员会""读者协会"等读者组织,从而让读者参与图书馆的管理,为图书馆的工作出谋划策,及时反馈广大读者对图书馆工作的意见和建议,在图书馆与读者之间架起联系的桥梁和纽带。

(二)加大图书馆宣传力度

图书馆要改变封闭的模式,利用自身网站平台进行宣传,从而让读者了解图书馆,亲近图书馆,利用图书馆。只有家喻户晓,才有可能最大限度地服务于广大用户。

(三)图书馆工作流程体现人性化

1. 采购工作人性化

随着现代信息技术在图书馆的应用,采购工作可以采用计算机技术来完成,还可以网上订购,通过 E-mail 沟通书目信息。这些先进的技术应更好地服务于读者。

2. 藏书布局人性化

在文献资源空间上,要有合理的藏书布局,改变过去那种书、刊分离,各自建库的旧

布局体系，建立书刊合一的阅览室。图书馆应根据实际情况，充分考虑读者的因素，合理地安排藏书布局，在发挥网络时代高科技设备作用的同时，将同学科、同门类及相关的图书、现刊、过刊相对集中，尽量减少读者查阅的时间。要按读者的需求调整文献的馆藏布局，体现人性化的服务理念。

3. 对热门图书实行模糊管理

读者量大、利用率高、周转快的图书，如：计算机、英语等，这两类图书多配有附件（光盘、磁带等），针对这些特点采取模糊管理，读者会方便许多。

4. 服务方式多样化

网络时代图书馆的服务方式应灵活多样，比如，保证服务的及时性；乐于接受用户的投诉；允许用户退还不想要的服务；主动了解用户的实际信息需求；电话咨询、网上咨询；送书上门及邮寄书籍与资料等等。

5. 提高服务质量

首先，服务是一种文化，微笑是通行证。但光有微笑是远远不够的。面对活生生的读者，应给各种规范之外的需要以富有人情味的关注。其次，要有足够的开放时间。图书馆本着"一切为了读者，为了读者的一切"的思想，保证有足够的开放时间。根据不同人群的时间需要，适时地调整服务时间，特别是安排好中午、节假日的开放。再次，开展深层服务，如：提供图书导读，提供边缘科学的咨询等。

三、图书馆技术人性化

（一）数据库技术人性化

图书馆数据库技术就是把图书馆收藏的文字、图像、声音等文献，运用一定的数据库技术进行处理，按一定的方式存储在计算机磁盘或光盘上。用户需要时，可按既定方式检索出来，方便利用。图书馆要改善读者需求与数据库现状的矛盾，就必须优化图书馆数据库技术。首先，采购数据库时要加强读者的调研和评价工作，力争少而精，用有限的资金购买读者最需要的产品，切忌因贪多而降低质量要求。其次，数据库管理人员要建立完整有效的信息索引机制，完善 web 搜索引擎，使读者通过一个搜索引擎找到该馆数据库中所有相关期刊或文献，而不必每个数据库都搜索一遍。既节省了读者检索时间，又提高了检全率和检准率。

(二)个性化服务

个性化服务是网络环境下图书馆信息服务的新概念,是现代图书馆信息服务向纵深发展的重要手段,也是网络时代信息技术人性化的重要体现。主要方式有:信息推送服务、呼叫中介服务、垂直信息服务、网络智能服务。个性化信息服务是基于信息用户的信息使用习惯、行为、偏好和特点向用户提供满足其个性化需求的服务。基于大量用户各自不同的信息需求,进行高效率的集成化信息过滤,就是所谓的"信息分流",即改"人找信息"为"信息找人",通过邮件、推送技术、预留网页、寻呼机等各种途径将信息推送给用户。

(三)统一信息服务

统一信息服务,即 UMS,是国际上最新提出的信息服务理念。UMS 将人们以前通过电话网、寻呼网、移动网和互联网分别享受的各种信息融合起来,实现多种媒体与类型的信息在同一位置存储和管理,用户可以随时随地地使用任何一种通信设备发送与接受信息。UMS 可以实现多种接入、多项应用、多个管理的统一。它的兴起将引起信息服务的一次新革命。语音、数据、多媒体信息的融合,将重组未来的联网市场,带来新的经济模式和价值链。数据通信技术、无线通信技术、移动 IP 技术、互联网技术等的飞速发展,使基于网络的各种应用越来越人性化,也促进了各种网络的融合,使统一信息服务从理想变成现实,也使统一信息服务的未来充满希望和挑战。

(四)最新信息推送服务

这是按照用户提供的检索条件,将资源库中的最新信息及时通知用户的一种服务。因为各类网站尤其是学术资源类网站内容并不是日日更新,读者不愿意每日浏览相关网站。当读者关心的任何网站内容发生变化时,图书馆会主动地把相关的最新消息推送至读者。近几年,已开发的一些最新信息跟踪工具,它们可以推送 web 上的各种信息,包括网页信息的变化,搜索引擎新的检索结果以及 Internet 的最新新闻内容等。

四、数字图书馆人性化的网站设计

(一)人性化的数字图书馆网站的特征

人性化设计的最高境界是内容与表现形式的完美结合。在数字图书馆网站建设过程中，由于各个馆人力物力投入、技术水平基础等主客观因素的差异，把握和驾驭内容与表现形式结合的能力也会有所差别。但是，设计和建设"人性化"高效率的网站应该具备以下特征：

1. 实用性

强烈的视觉效果和完善的功能对于一个成功的网站来说极其重要，如果一个站点设置的栏目、发布的内容无法在最短时间提供给用户最想从这个站点中了解的信息，这就算失败了。数字图书馆网站目标是力求把读者最需要的服务信息和想要查找的资料放在最显眼的位置，让用户在最短的时间内找到，虽然这可能丧失某些创意，但这可以充分体现网站的实用性。

2. 可用性

网站可用性指的是网站的设计是否符合用户的需求，协助用户快速而有效地达到他们的目标。这是因为特定网络用户与一般人不同，他们在网站上并不是漫无目的地浏览，而是有着明确目标，或是查找资料，或是完成某项任务。具有良好可用性的网站能够协助用户寻找他们需要的信息，帮助他们高效、方便地完成任务。一般说来，可用性测量因素包括有效性、效率和用户满意度三部分内容。有效性表现在用户能否利用网站完成任务；效率表现为用户完成任务的时间；满意度是用户对网站的主观感受。因此，网站可用性设计一般要注重：高效、直觉、相关帮助、吸引人。

3. 易用性

由于用户生活的地域不同，或者因为受到的教育经历不同，对问题的理解有差异，或者是个人观点和习惯的不同等等，"别让我动脑"这个概念在不同的人身上有着不一样的概念。我们要让所有人都能够理解使用我们的网站能够方便地达到他想要达到的目的，比较现实又相对简单的方法就是"试用"，在"试用"以后我们就可以根据测试的结果分析出需要修改的部分，力求接近"别让我动脑"这个概念，最终的目的是"使用简单"，而"使用简单"是一个网站成功的基础。

4. 可扩展性

一个站点的结构、内容、样式会随着技术的不断进步和信息量的不断增加而有所变化。人性化的网站设计应该注意框架结构的总体布局，选用成熟的技术来实现，达到随时、随意补充信息内容和功能模块而不影响网站的整体架构和风格。

(二) 人性化的数字图书馆网站布局

网络的发展、技术的进步使网站的布局呈现百花齐放、百家争鸣的状态。网络流行的网站布局大致有以下几种：

1. "T"结构布局

"T"结构，就是指页面顶部为网站标志（logo）加广告条（Banner），下方左面为主菜单，右面显示内容的布局，因为菜单条背景较深，整体效果类似英文字母"T"，所以我们称之为"T"形布局。这种布局的优点是页面结构清晰，主次分明。

2. "口"型布局

这是一个象形的说法，就是页面上下一般各有一个广告条，左面是主菜单，右面放友情链接等，中间是主要内容。这种布局的优点是充分利用版面，信息量大。

3. "三"型布局

这种布局多用于国外站点，国内用得不多。特点是页面上横向两条广告条，将页面整体分割为四部分。这种布局比较简洁大方。

4. 对称对比布局

顾名思义，采取左右或者上下对称的布局，一半深色，一半浅色，一般用于设计型站点。优点是视觉冲击力强。

5. POP布局

就是指页面布局像一张宣传海报，以一张精美图片作为页面的设计中心。这种布局多用于时尚类站点，优点显而易见：漂亮吸引人。

数字图书馆网站作为图书馆信息服务的虚拟呈现，有其行业自身的特质：淳朴实用。网页的设计布局要充分考虑数字图书馆各项功能的发挥与完善，要充分利用计算机技术来处理要发布的信息，从网页中体现出本馆馆藏与特色服务，体现信息的网络搜索功能、浏览功能、文件上下载功能、信息获取与传输功能、音视频鉴赏与评价功能、读者与读者以及读者与工作人员的交流互动功能。选用以上其中一种或几种布局来设计建设数字图书馆的网站，内容的合理布局至关重要，一是要注意功能清晰，栏目分明；二是要信息内容井然有序，多而不乱；三是要斟酌信息的轻重、主次，突出重点、引人注目；四是简洁明快，迅速提供信息。

（三）人性化的数字图书馆网站功能模块设计

数字图书馆网站建设的目的是让读者更好地利用现代科技多途径、省时、省力地利用图书馆的馆藏资源，现代的远距离的"虚拟化"服务模式由原来的辅助地位上升到与图书馆传统的"实物化"服务模式同等地位，因特网的发展已经从初创期进入成熟期。相应地，网站界面设计也将重点从强调创意的视觉导向转移到了强调可用性的功能导向。因此，设计和建设"人性化"高效率的网站应该包括以下几个功能模块。

1. 图书馆概况

作为用户了解和使用图书馆的重要窗口，是图书馆实物服务模式的虚拟化，模块重点介绍图书馆的基础设施、业务流程、服务理念，主要包括：本馆简介、组织机构、规章制度、馆藏分布、馆舍馆貌、开放时间、公告等栏目。

2. 查找资料

为方便用户根据自己需要查找的资料类型，图书馆网站应把现有的馆藏资源分门别类地做详细的介绍。模块细分为：图书、期刊、学位论文、音像资料、会议文献、专利、报纸、报告、标准、特色资源等栏目。

3. 电子资源

主要介绍数字图书馆提供的各种类型的数字化资源。模块包括：电子资源及数据库、西文电子期刊、中文电子期刊、电子图书、电子资源试用、免费电子资源等栏目。

4. 服务指南

为提高馆藏资源的利用率，帮助用户快捷、高效地利用图书馆资源，模块应包括：使用帮助、参考咨询、读者培训、借阅证办理、书库与阅览室、服务项目等栏目。

5. 互动平台

"以人为本"的人性化数字图书馆网站，应该有个交流平台，让用户通过 E-mail、留言簿、BBS 论坛、虚拟参考咨询等方法，对图书馆的资源利用做出反馈，从而提高馆藏资源的利用率。

6. 个性化信息服务

又叫我的图书馆或个人数字图书馆，是根据用户的专业、所选功能模块、定制的版面布局所呈现给用户的信息服务。网站建设是长期累积、不断更新的过程，随着社会的转型、科技的发展，网络数字时代的来临，围绕"以人为本"这个理念，每个图书馆应根据现有馆藏、技术水平，加强图书馆的网站建设，这对于提高馆藏资源的利用率，提高图书馆的整体服务水平，提升图书馆的社会形象，都具有现实意义。

第二节 网络环境下图书馆的文化资源共享理念

一、什么是文化共享工程

文化共享工程（文化信息资源共享工程），是指采用现代信息技术手段，对中华民族优秀文化信息资源进行数字化加工和整合，利用覆盖全国的网络化管理服务体系，实现文化信息资源在全国范围内的共建共享，它是新形势下构建我国公共文化服务体系、涉及千家万户的一项文化基础工程。

文化共享工程建设的主要任务包括：

（一）建设数字文化资源

通过自建共建等多种形式，系统整合农村需要的各类资源，重点整合农村需要的各类资源，精心打造广大农民看得懂、用得上、实用性强的多媒体资源库。

（二）发展基层服务网络

以农村服务网点建设为中心，以图书馆、群艺馆、文化馆、乡镇（街道）文化站、村（社区）文化中心、校园网、有线电视网，建设服务于全国城乡的服务网络。与村党员干部现代远程教育，农村中小学现代远程教育工程、农村电影放映工程密切配合，实现基层服务点设施设备，数字资源、人力资源共建共享、共同发展。

（三）构建先进实用技术体系

加快现代信息技术的应用及标准规范体系的建立，依托国家骨干通信网络及国家数字图书馆技术平台，建成文化共享工程的技术支持中心，充分利用先进成熟的信息技术，构成技术先进、稳定可靠覆盖和支持工程服务网络的分布开放性实用技术体系。

（四）组建一支高水平的资源建设、软件开发、网络维护等专业技术队伍

充分发挥县图书馆、文化馆、乡镇文化站等基层文化单位工作人员在文化共享工程建设与管理中的作用，加快建设专、兼职结合的农村基层服务点工作队伍，使每个基层中心、基层服务点拥有1~2名考试合格、操作熟练的专业人员。

（五）创新工作机制，充分发挥全国文化共享工程会议的协调指导作用

加强资源建设与管理的规范性和连续性，逐步建立完善合作互利的共建共享机制。

二、网络环境下图书馆文化信息资源的特点

神奇的现代信息技术使我们的生活更加绚丽多彩，也使图书馆的信息资源更加丰富广泛、精彩纷呈。

（一）信息载体多样性

现代信息技术的飞速发展及其应用，促进信息载体的多样化和信息资源结构的多元化。现代图书馆的信息资源的类型，既有传统的印刷书刊资料、缩微资料，也有存储在磁、光、电等介质上的电子期刊、电子图书、光盘数据库、馆藏书目数据库等电子信息资源，还有互联网络上公开发布的网页和在线数据库等网络信息资源。各种类型的文献资源并存，互为补充，形成了现代图书馆馆藏信息资源及载体形式的多元化特征。

（二）信息资源海量化、内容庞杂

网络环境下的信息资源由传统的馆藏文献资源，转变为现实馆藏资源和虚拟馆藏资源的结合。当下不仅现实的馆藏资源与日俱增，虚拟的馆藏资源更是浩如烟海、丰富多彩。由于因特网具有开放性与共享性，使得人人都可以成为信息的生产与发布者，同时又因为网络管理法规不完善，网上信息资源缺乏统一的控制，使网上信息质量参差不齐、良莠不分，呈现出杂乱无序的状态。这给图书馆信息资源的选择和利用提出了新的课题。

（三）信息交流的互动性

传统的图书馆的文献信息交流主要表现为馆员坐等读者上门咨询、借、阅、还等，馆员与读者之间主体与客体、主导与服从的关系泾渭分明。而在网络条件下，由于信息供需双方的互依性、对应性和共存性，使彼此间的主体与客体、服务与被服务、发送与索取呈现出相互交融、相互补充、适时变化的互动互利的特征。读者不只是接受图书馆提供的信息咨询服务，也可以直接或间接地反馈自己的意见信息，参与网络信息的收集、研究、整合，充分体现了信息交流的互动性。

三、网络图书馆的文化信息资源共享理念

（一）文化信息资源的共享是当代图书馆精神的集中体现

图书馆精神就是指在图书馆队伍中建立起来的稳定的、独特的、崇高的，对图书馆发展起推动作用的群体意识和心理特征，是图书馆赖以发展的强大的精神支柱。数字图书馆是在近现代图书馆的基础上，应用计算机技术、多媒体技术、数字化技术和通信技术，组织并提供信息资源，通过实现信息资源在全世界范围内无差别全面共享的方式来实现信息资源的充分开发和利用，从而推动时代的发展和文明的进步，实现图书馆的社会价值。与当代图书馆相适应的当代图书馆精神，应该是由科学精神和文明精神相融合的科学-人文精神，合作与共享相对应的合作-共享精神，以人为本、以读者为本的服务精神，学无止境的求知精神和开拓进取的创新精神构成的精神集合体。

文化资源的共享是当代图书馆精神的集中体现。文化信息资源的有限性和人类社会对信息资源需求的无限性制约着图书馆的产生、存在和发展。一方面，相对于所有文化信息资源来说，由于图书馆能够收藏和拥有的信息资源极为有限，所以图书馆始终无法满足人们对于文化信息资源的无限需求；另一方面，由于图书馆承担着满足人类社会文化信息资源无限需求的社会职能，因此图书馆必须利用有限的文化信息资源去最大限度地满足人们对于资源的无限需求，也就是说，图书馆必须使其可提供利用的文化信息资源尽可能地最大化，才能最大限度地缩小有限的文化信息资源和无限的信息需求之间的差距，而最大限度地缩小这种差距的唯一途径就是实现文化信息资源的共享。

在当今社会中，图书馆更需要合作，更需要文化信息资源的共享，这是国际发展的趋势，是时代发展的要求。单一的独立建设馆藏已经不再适应时代发展的需求。图书馆代表的是公共利益，文化信息资源共享的目的是使社会公众获益。文化信息资源共享是图书馆为解决文化信息数量的急剧增长以及用户对文化信息资源的无限需求，与图书馆对文化信息载体有限的收集和处理能力之间的矛盾而做出的理性选择。文化信息资源共享的最终目标就是使任何人在任何时候、任何地点，均可获取任何图书馆的文化信息资源。

（二）文化信息资源的共享是满足用户需求、实现公民自由平等地获取知识信息的必由之路

图书馆不仅仅是文化信息资源的收集和保存单位，而且还是文化信息资源的提供和服务单位。图书馆是国家和政府为保障公民自由、平等地获取文化信息和知识而建设的公众

信息场所。最大限度地满足每一位读者对文化信息和知识的需求，是图书馆义不容辞的责任。在当今世界上，由于文献及其信息量的爆炸性增长，文献类型和载体的不断推陈出新，以及文献价格的扶摇直上，没有一家图书馆能够做到"小而全""大而全"，也就是说，自力更生地满足用户对文化信息和知识的需求是完全不可能的，于是，就有了图书馆之间的合作，有了文化信息资源的共享。

随着知识和技术更新速度的大幅度提高，促使人们的文化信息需求量不断增加，与传统图书馆的用户相比，网络信息环境下的用户明显向纵深方向发展，他们利用图书馆已不再限于单纯利用文献信息服务获取所需文献的线索和索取全文，而是越来越重视事实和数据信息。他们要求图书馆提供的信息不仅包括目录、索引、全文等文字信息，还希望包括声音、图像等多媒体信息，同时对咨询答案的质量要求也越来越高。出于职业工作的需要和知识积累的需要，他们迫切希望通过信息资源的共享，获取从事工作所需的内容全面、类型完整、形式多样、来源广泛的文化信息，要求文化信息资源共享体系能够针对他们所承担的具体业务提供全过程、全方位的信息保障，开展综合性强的、能够满足他们多方面、系统化的信息需求的文化信息服务业务。再从需求的空间上来看，用户的信息需求已不仅仅依赖于一所图书馆，而且这种需求已经进一步超越时空的限制而转向全球范围的信息需求。

自由平等利用文化信息资源是人类基本权利在图书馆领域的具体体现，其含义有三：

一是说平等利用文化信息资源是用户的基本权利和图书馆的基本义务。人人都有平等利用图书馆一切资源的权利，每个人在利用文化信息资源的过程中都不应该受到年龄、种族、性别、信仰、国籍、语言或社会地位等因素的限制。

二是指自由利用文化信息资源是用户的基本权利和图书馆的基本责任。用户可以自由利用图书馆的文化信息资源，是不应该受到限制或审查的，当然图书馆也是可以自由提供文化信息资源，同样是不应该受到限制或审查的，但是这种自由必须以法律为前提，是相对的自由。

三是免费服务是平等利用图书馆文化信息资源的基本保障。由此可见，要实现公民自由平等地获取知识信息，就必须要加强图书馆之间的合作，实现文化信息资源的共享。

四、网络图书馆文化信息资源共享的内容

在现代信息环境下，资源共享的理念已由最初的文献实物的共享拓展到图书馆全方位的专业领域和最新的现代化服务手段。网络图书馆文化信息资源共享内容包括以下几个方面：

（一）成员馆信息管理

网络图书馆各成员馆都拥有丰富的馆藏资源和强大的数据库支持，如何充分利用和全面管理这些数据库资源就显得非常重要。成员馆信息管理就是指对网络图书馆所有成员馆的各类数据库进行整合和有效管理，从而保证网络图书馆工作流程的正常运行，为网上业务工作提供统一的标准接口，为网络图书馆工作的规范化、标准化奠定了坚实的基础。

（二）联合采购

以集团的名义跟出版发行商或产品供应商进行谈判，争取优惠价格，降低建设成本，包括图书馆设备、计算机网络设备、图书馆应用软件、文献信息资源等，争取资金使用的最大效益，解决各成员馆在现代化和信息化建设过程中资金不足的矛盾。

（三）联机联合编目

联机联合编目是网络时代图书馆文化信息资源共享的必要前提，它不仅能够保证各馆编目数据的标准化和规范化，共享书目成果与资源，形成统一且畅通的网络编目平台，提高文献编目的整体效率与水平，同时克服了传统的分散编目所产生的重复劳动、效率低下的弊端，实现了文献信息资源和人力资源的共享。

（四）联合典藏

联合典藏是图书馆文化信息资源共享的核心任务。通过对各成员馆馆藏的合理布局、分工协调，突出各成员馆馆藏信息资源的基本特色，在一个地区或一个系统内建立比较完整的文献信息资源保障体系，不仅避免文献信息资源的重复建设和浪费，而且极大地丰富了成员馆的馆藏，从而提高了它们的文献信息保障能力和信息服务能力。

（五）馆际互借与文献传递

馆际互借与文献传递是实现文化信息资源共享的重要标志，它通过利用计算机和网络技术，在网络环境中实现各成员馆印刷型文献的馆际互借和电子资源的共享，使图书馆的流通职能得以升华，也为读者提供了更便捷、更广阔的文化信息获取渠道。其目标是：在网络参考咨询系统代查代检和期刊目次服务的基础上，发展文献传递；在联合目录跨库检索的基础上发展馆际互借，形成检索、咨询、传递、借阅的网上服务系统。

（六）联合网上虚拟参考咨询

网上虚拟咨询是网络环境下图书馆开展文献信息资源共享的一种形式。它以计算机网络为手段，以图书馆的文献信息和参考咨询馆员为资源，通过用户的文化信息需求来促进文献信息和人才资源的共享。联合网上虚拟参考咨询，就是在网上咨询的基础上，由两个或更多图书馆团队组成，提供虚拟参考咨询的服务，改原来单咨询台的虚拟参考咨询模式为基于小组、集团或联盟的运作模式，各成员间采用分布式多咨询台的合作咨询服务模式。联合网上虚拟咨询是文化信息资源共享的高级形式，它与其他资源共享形式的最大不同点在于：它不是单纯的文献物理移动或复印，而是对某一专题文献的系统归纳和分析。

（七）联合馆员培训和用户教育

人才是图书馆得以生存发展的关键。传统的单独进行的馆员培训，由于受到众多因素的制约，效果不甚理想。在网络图书馆中，通过联合对图书馆工作人员进行全方位的培训，全面提高图书馆工作者的素质，在成员馆中逐渐形成一批有专业、懂技术、会管理的各级干部队伍，以及在数据库建设、计算机及网络技术等方面学有专长的骨干队伍，从而推动网络图书馆的进一步发展。除了开展联合馆员培训以外，还可以进行联合用户教育。图书馆对用户的教育，开始从"图书馆利用教育"转向"信息认知能力教育"，其目标为提高用户在现代信息环境下获取和利用文化信息资源的能力。

（八）联合行政管理

通过联合行政管理，行使网络图书馆的行政管理职能，使各成员馆领导层及时、清晰地了解其他兄弟馆的文献资源分布、馆藏资源建设、工作动态、服务水平等基本情况，为图书馆决策层和领导层进行宏观指导、微观调整及整合资源和服务提供科学依据，从而有针对性地制定相应的文化信息服务政策，采取切实可行的信息服务措施，避免人力、财力和物力的无谓消耗，达到文献信息资源和人力资源的合理分配及有效配置，有效地实现网络图书馆的各项功能。

（九）合作开展研究开发项目

对于图书馆无力独立承担的研究项目、技术或产品开发项目、新技术和方法的试验项目，如数字图书馆建设，网络图书馆就可以集中人力、物力和财力共同承担。对于一些难度较大的研究开发项目，网络图书馆可以集资招标，委托专门的研究机构进行。

（十）信息发布

网络图书馆可以通过主页、电子邮件、网络通信、电子公告版等形式向成员馆通报有关图书馆职业、网络图书馆、图书馆技术与产品等的最新动态，以支持其成员馆的独立决策。

五、实现文化资源共享的意义

文化资源共享是图书馆发展的必然结果。现在的资源共享已经不能局限在本地区的范围内，全球性信息的相互依赖将是今后发展的必然趋势。一个国家、一个图书馆，只有通过资源共享，才能用有限的经费去最大限度地发展本国、本地区、本馆的特色，国际间的图书馆事业才能形成相对完备的文献资源，从而很好地满足本地区人们的需求。

（一）实现资源共享能够有效地避免文献资源的重复建设

资源共享可以使文献资源配置合理，利用充分，避免不必要的重复和浪费。如各馆之间可互通有无，建立网上文献资源共建体系。进行本馆馆藏建设时，可考虑其他馆藏而决定取舍，避免重复，以达到最大的共同使用范围。

（二）实现资源共享有利于节约人力、物力、财力

资源共享可使各图书馆之间通力合作，共同构建比较完整的藏书体系，发挥各自信息资源的优势，生产出高质量的信息产品并利用网上共享的方式推向全球。这样既可以最大限度地满足各方面读者的不同需求，提高整体文献资料的利用率，而且节省人力、物力、财力。

（三）实现资源共享可以极大地丰富图书馆的信息资源

世界上任何一个图书馆都无法将浩瀚的文献资料搜罗穷尽，只有在实现资源共享情况下，人们才能通过网络把世界各地信息提取出来，充分享受共享带来的方便。共享使文献资源从有限扩展到无限，极大地丰富了图书馆的信息资源。

（四）实现资源共享可以扩展图书馆的服务功能

共享使全球的图书馆通过网络紧密连接起来，其实力远远超过物理意义上的单个图书馆，文献资源得到了有机的综合和利用，从而有效地提高了图书馆的信息服务效率。

第三节　数字图书馆个性化服务理念

一、个性化服务和图书馆管理理念的转变

知识的生产和再生产是高校科研工作的核心内容，而信息技术则是知识的载体和基础。图书馆的主要功能将成为以知识选取与存储、知识重组与再生产为内容的人性化知识服务，而个性化服务体系的推出必将是广大高校的主要对策。这种服务体系下的图书馆管理强调以人为本，这里所指的人包括两个方面，即作为服务客体的用户与作为服务主体的馆员。以往的图书馆管理中较多地注重服务客体读者的层面，以读者为中心，方便其使用，而对以人为本的另一个层面，即作为服务主体的馆员重视不够。随着图书馆的功能由单纯的收藏转向信息开发与服务，馆员在图书馆作为信息存储地、交汇地和生产地的功能中，应当担任主角。因此，我们应在图书馆管理中，实现由"读者为中心"向"馆员为中心"的管理理念的转变。

馆员是图书馆发展的根本动力。在传统图书馆工作中，图书馆最重要的资源是馆藏文献资源和图书馆建筑等硬件设施，这种观念显然已经不能适应数字化、网络化、智能化对图书馆管理与服务的要求。因为馆员是知识的载体，是图书馆信息库的建造者和维护者，是信息资源与读者用户之间的桥梁与纽带。对于图书馆来说，优秀的管理者将成为当代图书馆最重要的资源和首要财富。这并不否认馆藏文献、建筑及各种硬件设施的重要性。在图书馆界，充分重视人力资源的重要作用，把管理人员作为图书馆最重要的资源和财富，作为其发展的内在动力，具有很强的现实意义。

馆员是图书馆服务工作的主体，作为信息资源与用户之间的桥梁与纽带，馆员在图书馆工作中扮演着主角。他们的质量在很大程度上决定了该馆的服务质量。一个馆员工作水平的高低，是看他能否帮助用户建立起通向信息资源的桥梁。无数事实说明，无论是图书馆的信息采集、分类、加工等业务工作，还是面向用户的流通阅览与参考咨询工作，在同样条件与环境下，由于馆员个人素质与能力的不同，在工作效果上就会产生很大的差异。为了更好地向用户提供优质的服务，必须树立"以馆员为中心"的现代图书馆管理理念。

二、个性化服务与图书馆服务理念的转变

网络作为信息的重要平台，大大丰富了图书馆的文献资源，突破了图书馆的物理界

限，实现了图书馆的异地服务，满足了用户的各种需求。网络是理想的存取和利用信息的空间，用户借助网络可以很从容地选择信息。这使图书馆的地位发生了根本的改变，它已由"文献中心"演变成"用户中心"，而且在网络环境下，图书馆传统的信息检索与传递服务逐步边缘化。

传统的图书馆更多的是关注信息对象，而不是信息用户，以馆藏文献为中心开展服务。图书馆的知识服务，紧密地将信息用户、信息资源和信息技术结合起来，针对用户结构、阅读倾向、各群体数量及比例、利用图书馆的频率和方式，对服务的需求层次和满足程度，将来可能的发展变化的参数，连续地收集用户数据，深入研究用户信息需求，建立明确有序的用户信息反馈渠道和科学、可行、系统化的评测指标，借以客观准确地反映和评价图书馆服务运行的状态和效率，指明需要改进的环节和项目，有针对性地调整服务对策，从而扩大和提升图书馆的知识服务。特别注意扩充知识内涵，实现知识挖掘和知识发现。同时，应尽量扩展相关问题的知识涵盖面，充分利用图书馆现有各种实体资源和网上虚拟资源，依靠现代信息技术为图书馆提供知识面更广的知识服务。知识服务包括基于分析和基于内容的参考咨询服务、专业化信息服务、个人化信息服务。知识和信息得到系统化、综合化、深入化，产生针对性和适应性更强的再生知识。

这样，知识服务将成为图书馆发展的另一个动力源，知识服务是被用户目标驱动的服务，它对服务的最后评价不是图书馆是否提供了信息，而是通过服务是否解决了用户的问题。它关心并致力于帮助用户找到解决问题的方案。知识服务是贯串解决问题过程的服务，贯串于用户进行知识捕获、分析、重组、应用过程的服务，根据用户的需求动态地和连续地组织服务。它是面向知识内容的服务，重视用户需求分析，根据问题确定用户的需求，通过信息的析取和重组来形成恰好符合需要的知识产品，并能够对知识产品的质量进行评价。

三、相关理念的转变与个性化服务体系的建设

随着信息载体、服务对象和服务目标的变化，信息时代的图书馆必须切实完成管理理念和服务理念的转变，才能真正建立起个性化服务体系，而要完成两大理念的转变除了完成传统图书馆的目标建设以外，还应相应地采取以下措施：

（一）培养知识型馆员

网络时代的图书馆的服务重心将从一般服务向参考服务转移，而图书馆馆员是实现这些转移的关键。只有加强人力资源管理，培养能胜任知识服务的知识型馆员，才能从一个

崭新的角度来创新图书馆服务。那么，所培养的知识型馆员应具备胜任知识服务有如下基本素质：具有了解信息的特征、结构和媒体的知识；具有收集、组织、保存、利用信息的能力；拥有信息技术知识，即知道怎样运用相应的技术为读者捕获、分类信息，以及怎样把知识转化为集中化数据来存取；具有对信息的敏锐的洞察力，能从多种角度了解用户需求；具有很强的理解能力、概括能力、语言表达和写作能力。

（二）推出图书馆的精品服务

信息时代，用户对知识的利用程度随着科学技术进步及其对经济发展推动作用的增强而不断加深，尤其是从事高校科学研究与开发的用户，他们已不再满足为其提供一般性的知识服务，而是需要提供解决问题方案的核心知识内容。这就要求将分散在本领域及相关领域的专业知识加以集成，从中提炼出对用户的研究、开发与管理创新思路，形成至关重要的精品，供其使用。为此，知识服务人员要非常重视用户需求分析，根据问题及其环境确定用户知识需求，并通过知识集成、提炼来形成恰好符合用户知识需要的服务。

（三）建立具有个性特色的文献信息数据库

图书馆要进行高质量的知识服务，必须建立丰富的、具有特色的文献资源数据库，才能满足各层次用户的各种需求。

1. 建立馆藏书目数据库

将本馆传统手工文献目录转换成机读目录格式，不过加工得更详尽，文献揭示更加深入，且具有网上查询和馆际互借功能。

2. 建立各大高校联合目录数据库

该数据库是实现馆际互借、资源共享的必备工具。联合目录有了馆际互借、通借通还才有条件付诸实施。

3. 建立地方特色文献数据库

它是反映各馆特色，吸引读者，提高图书馆影响力的关键。

4. 建立虚拟馆藏数据库

各图书馆可根据本馆特点和读者需要，组织专门队伍，对网上信息资源进行选择、加工、组织，通过下载和建立连接方式，形成方便本馆用户利用的资源体系，供用户使用。

第四节 数字图书馆信息服务理念

一、数字图书馆的特征与工作理念

数字图书馆是传统图书馆在网络环境下的发展。数字图书馆的定义很多,差别也很大。广义地说,数字图书馆可以描述为计算机可处理的信息的集合或贮藏这类信息的仓库。理想的数字图书馆并非存贮信息的单个实体,它通过网络提供系列化的收藏和服务。尽管数字图书馆的定义没有完全统一,但诸多定义中比较有共性的特征要素包括:数字图书馆不是简单的实体;数字图书馆需要多种技术连接多种资源;数字图书馆和信息服务之间的连接对终端用户是透明的;数字图书馆的目标是广泛地存取信息和提供针对性的信息服务;数字图书馆的馆藏并不局限于文献替代品,已延伸到了不能以印刷形式表现或传递的数字化人工制品。

(一)数字图书馆的特征

数字图书馆与现代图书馆既有联系又有区别。从组织机构角度看,数字图书馆全然不同于拥有物理空间的图书馆,数字图书馆并没有太大的空间,其信息资源也不以占有空间大小作为图书馆规模大小的衡量标准;从资源建设角度看,现有图书馆拥有记载在多种媒体上的信息,这些资源是可视、可听、可触摸的,而数字图书馆的信息资源是电子化、数字化信息,只有经过还原才可以为人们所感知。数字图书馆建设在工作原理上与传统图书馆仍有许多相通之处,同样需要对信息进行收集、加工、整理和保存,只是在具体操作上与传统图书馆全然不同。数字图书馆是由建立在现代通信技术基础上的电子计算机技术、通信网络技术、信息处理技术共同构成的。如果仍以图书馆的概念来分析比较数字图书馆的工作原理和工作理念,可以概括为以下几点:

(1)数字图书馆仍然具有图书馆收集、加工、整理、保存信息和提供信息服务的基本功能。(2)数字图书馆以计算机可处理的数字化形式存贮信息,与传统图书馆的多载体文献形式完全不同。(3)数字图书馆的信息收藏在内容的广泛性和深入性上远远超过传统图书馆。它不仅收集本馆馆藏,而且可以将全球网络上的信息资源经过筛选、处理集中在一起,它的信息加工不局限于信息整体,而是深入到信息内容。(4)数字图书馆提供更加广泛、迅速、便利和多形式的信息服务,它依托互联网,利用先进的信息处理技术和计算机终端设备为全球用户提供远程服务。（5）数字图书馆与传统图书馆相互补充，相互完善。

（二）基于数字图书馆理念的图书馆发展

数字图书馆在 20 世纪 90 年代末期得到迅速发展，电子出版物的出现和发展为数字图书馆的产生创造了必要的条件。可见，电子出版物是数字图书馆的物质基础，也是数字图书馆的信息资源。

数字图书馆的信息收集和传播渠道主要是网络通信，其中最主要的是 Internet。数字图书馆依托 Internet 收集和处理信息，并向外界提供服务。在数字图书馆的建设过程中，我们必须做好以下工作：

1. 统一部署，打破部门界限

为建设好我国数字图书馆体系，必须打破部门和地区界限，统一部署，统一规划，提高信息收集效率和综合利用水平，增强信息咨询服务能力，提高网络利用率，从而形成规模优势。

2. 重视基础工作

即加强数字图书馆的软硬件环境工程建设和我国的信息资源建设。在建设数字图书馆之前，必须充分论证，慎重施工，以缩短调整和试用周期，更快实现目标。在研究与开发有关协议时，既要考虑与国际流行协议的兼容，又要结合我国国情，适应汉字系统的特点，制定标准和规范，设计有中国特色的数字图书馆系统。

3. 转变观念

在建设数字图书馆系统时要从全局出发，合理建设和使用文献信息资源，合理配置计算机软硬件资源，避免资源的浪费。同时，要将硬件放在更重要的位置。

4. 建设一支掌握信息技术的队伍

数字图书馆需要一支既懂图书情报业务又掌握信息技术的专业队伍。为此，可以通过培训提高现有工作人员的业务素质；利用政策优势，吸引更多的信息技术人才加入数字图书馆建设的行列。

二、数字图书馆信息服务的技术构成

（一）数字图书馆的物理结构

与数字图书馆所具有的各项功能密切相关，建设数字图书馆必须有相应的技术手段。

从数字图书馆的物理结构来看，数字图书馆必须具备：

1. 用户终端

即各种类型的个人计算机、工作站以及用户可以访问的联机查询系统。

2. 网络和通信系统

这是图书馆的重要基础设施，也是实现数字图书馆服务的先决条件之一。

3. 信息资源

原有馆藏信息及其数字化转换形式可以成为数字图书馆的重要资源，对图书馆以外的信息资源进行收集和提供是数字图书馆与传统图书馆的最大区别。通过联机信息检索系统，数字图书馆能够提供外部各馆的书目服务、文摘检索和全文检索以及电子杂志等多方面的信息。

4. 数据库管理与检索系统

数字图书馆的管理与检索系统是其技术的关键部分，绝大部分业务活动需通过管理与联机检索系统来完成。

（二）数字图书馆的系统构成

由于数字图书馆信息庞杂，只有综合多个应用系统才能实现其功能。数字图书馆的系统构成通常由以下几个部分组成：

1. 数据创建

将非数字化信息进行数字转换，如文本录入、图像扫描、声音的数字化等。

2. 数据描述

按照一定的语言对创建的数字化信息扫描，包括结构化与非结构化的声、像、图、全文数据扫描。

3. 全文检索

支持 SGML、PDF、XML、HTML 等格式的全文检索。

4. 数据库技术

数字图书馆所运用的数据库技术大体上可分为两大类：一类是应用数据库管理系统软件进行开发，建立数据库；另一类是带有管理软件的商品化数据库，如光盘、多媒体数据库等。

5. 网络通信技术

计算机通信技术是数字图书馆的技术支撑，也是数字图书馆实现高度开放和资源共享的基本条件。

6. 多媒体、超文本、超媒体技术

多媒体技术是指能够处理综合各种媒体信息，使各信息相互联系并有交互功能的信息技术。超文本技术可以将相关概念连贯起来，使用户非顺序地直接检索到相关信息。超媒体技术是对超文本技术的扩展，具有超文本技术的大部分特点，但其处理对象是多种媒体的信息资源。

7. 系统运行、维护、保障、开发技术

这是数字图书馆运行与服务的支撑技术，为其硬件条件。

8. 数字图书馆的版权保护

数字图书馆为用户共享信息资源、获得信息服务提供了极大方便。同时，数字图书馆的版权保护问题，尤其是网络信息的访问权限规定，也给我们提出了新的课题。关于访问权限问题，已在利用原有计算机读取管理技术以及域名管理技术的基础上得到了较好的解决。

三、数字图书馆的信息资源建设

随着 Internet 的普及与发展，网上出版社日益增多。网上信息资源建设与传统藏书建设有着极为不同的特征。以期刊为例：电子期刊呈现出多种载体形式，有些期刊只有网上电子版；有些期刊有印刷版和光盘版两种出版形式；有些期刊既有印刷版、光盘版，又有电子版。为此，图书馆必须对馆藏结构进行调整，做出相应的收藏计划。

数字图书馆资源建设主要包括以下几个环节：

（一）数字化信息的生成

数字图书馆的信息来源可分为内部信息和外部信息。内部信息包括图书馆所收藏的传统印刷型图书、期刊、缩微资料、唱片、胶卷等多种媒体出版物。数字图书馆建设，则要对其中一部分进行数字化转换，使其成为电子馆藏存储在计算机硬盘中，并以数据库形式放在网上供用户使用。未转换的传统馆藏可建立馆藏电子目录，加入公共联机查询系统，供用户进行书目查询。内部资源还包括本馆购买或开发的、以数据库形式存储的电子信息资源，如二次文献数据库、电子目录数据库、图像数据库、全文数据库以及本馆的 OPAC。

本馆开发的数据库包括书目型、数值型、图像型、全文型数据库等形式。所有数据库都应提供网络化联机存取功能。外部信息资源包括外界电子图书馆的资源、联机检索的资源以及书目服务机构的书目、文摘、全文信息、数值信息以及电子杂志和电子报刊等。

（二）数字化信息的存储

信息存储的实质是对庞大的信息进行管理。数字图书馆需要大量的信息存储装置。在存储技术方面将涉及存储设备容量、硬件随机读取速度、数据集中与分布存储管理方法等问题。在 Internet 上大量服务器提供相关信息服务，但其相互间只能提供公共的服务接口。逻辑相关的信息可能集中在某地，也可能分布在不同地点。由于信息数量极大，不可能在存入后立即固定其存储位置，加上信息的使用频率极不相同，因此必须具备按照使用频率调动存储位置的功能才能保证响应速度。对所存储的各种信息不能只用参数进行描述，因此，原有的参数描述方法，以及单纯的对参数进行索引的方法，已无法满足用户的查询需要。正在研究的多媒体信息检索方法，也要求相应的存储技术相配合。

（三）数字化信息的检索

数字图书馆建设应遵循两条原则：一是最大可能地存储信息，二是使用电子技术增加和管理信息资源。由于信息具有多样性特点，必须有与不同信息相匹配的检索方法，才能满足用户需要。

（四）数字化信息的传播

数字图书馆主要通过网络进行图像、音频和视频的信息传播。计算机通信网络是数字图书馆的技术支持，也是实现其广泛可取性、高度开放性和资源共享的基本条件。在现有网络上进行信息传播已使网络不堪重负。音频和视频的实时传送不仅对网络的速度要求较高，同时对提供信息的相关服务器的共性也有很高的要求。在这一方面，除需要改善网络协议、研制新的网络连接设备外，各种压缩技术的应用将起到提高网络传播速度的作用。

数字图书馆的信息服务以网络为基础，属于开放性服务系统。数字图书馆不仅为用户提供文献目录、文摘、题录等二次文献信息，还可以提供全文、声音、图形等多媒体信息。各地的数字化信息资源通过信息高速公路，以内容丰富、结构清晰、使用极为方便的目录引导形式出现在用户面前。友好而标准的用户界面，使分布在各地的用户不需任何专门训练便可以检索到各种信息资源，获得各类信息。

四、数字图书馆信息服务的组织管理

(一) 数字图书馆的基本服务功能

1. 查询功能

通过联机目录系统指引用户使用未实现数字转换的馆藏文献，查询结果是目录单。

2. 电子信息服务功能

提供本馆电子出版物、传统馆藏的数字转换信息，连接外部信息源。

3. 网络服务功能

用户通过图书馆的通信服务器和服务工作站与其他网络相互连接，除提供一般的通信服务外，还提供访问相关信息数据库的服务。

此外，数字图书馆还应具有以下功能：图书馆内部系统的高度集成化和多种信息源的深层次连接；迅速获取外部信息并向外界开放本地资源，使虚拟图书馆成为现实；友好的用户界面可以消除用户与信息之间的障碍；容纳多种信息类型的多媒体数据库。

在服务内容上，数字图书馆可以提供电子出版物、数据库、Internet 上的各种信息。用户从数字图书馆中不仅可以得到二次文献，还可以得到文献全文以及多媒体信息。在服务方式上，读者不论在什么时候、什么地方上网都能享受到图书馆服务，从而使图书馆的概念发生根本性的变化。全球性虚拟图书馆服务将打破地域限制，使全球人类连接成一个整体。

(二) 数字图书馆服务的组织管理

数字图书馆服务的组织管理可分为两个部分：一部分是传统图书馆服务的延续，即对各类文献的收集、加工、整理以及提供外借、阅览、参考咨询等信息服务；另一部分是图书馆自身的服务，包括对文献信息的数字化转换、数字信息的生成、远程网上服务等。二者相辅相成，前者为后者的基础，后者是前者的扩展与补充。

数字图书馆的服务对象更多的是网上用户。为此，图书馆必须从根本上转变观念，以便在组织管理上保证数字图书馆建设的顺利进行。图书馆必须重新考虑馆藏发展方针与政策，强调资源共享的区域性合作对策。对专题文献、不同版本的文献、专藏与特藏文献以及数字化信息的收集与跟踪，都必须重新加以审视。在网络环境下，图书馆的经费将不再局限于对文献"实体"的获取，更包括"购买"网上数字化信息的使用权，支付数字化信息的保存费，以及系统升级后的数据转换费。图书馆的形象不再局限于馆舍大楼内外，而是体现在网络信息服务形式和所能提供的服务手段上。传统图书馆的建设多局限于馆舍建设、文献购置、阅览提供、外借服务等活动范围内，而数字图书馆建设意味着网络服务器建设、主页设计、数字化馆藏收集与存储、多种形式的远程服务组织等内容。

总之，作为传统图书馆在网络环境下的最新形式，数字图书馆必须经过长期的建设才能成为理想的现代信息服务机构。

第五节 网络环境下图书馆的终身学习理念

一、终身学习

随着知识经济时代的来临，一个"人人学习，时时学习"的终身学习观念已日益形成。学习决定着个人、企业乃至整个国家的命运。为了应对知识不断更新的挑战，每个人必须从学校的学习转化为终身学习，这是不以人的意志为转移的发展趋势。"人过三十不学艺"的时代已一去不复返，不树立终身学习的学习观念必将被社会所淘汰。

为什么现代社会需要终身学习？其主要原因为：(1) 寿命的延长。现代社会，无论是发展中国家或是发达国家，人的平均寿命均呈逐渐增长的趋势。(2) 社会变迁，时距缩短。由于社会发展速度过快，使个人无法在特定期间完成教育，教育成为个人终身的历程。(3) 信息社会的冲击。由于社会的变迁和科技的发展，造成经济结构的改变。其改变主要反映在产业结构、就业结构和职业结构方面的变化，造成对从业人员的学术水平及智能均有更高层次的要求。

二、图书馆教育的优越性

图书馆被誉为"没有围墙的大学"，历来具有很强的教育职能，图书馆教育是学校教育的补充和扩展，在某些方面有着优于学校教育的特点，为学校教育所不及。随着知识经济时代的到来，素质教育、终身教育理论的宣传普及，图书馆教育的社会需求不断提高，担负了终身教育的职能。图书馆终身教育将大大促进整个社会中人们的科学文化知识和智力水平的提高，为社会每个成员提供学习机会。因为图书馆教育具有以下五大特点：

（一）社会性

图书馆教育施教范围广，深入到社会的每个角落。读者不受年龄、专业、学籍等限制，能够为社会成员提供均等的受教育的机会。

（二）全程性

图书馆实施的社会教育，以读者自学为主，不受年龄、学历等方面的限制，为读者更新知识结构提供长期的、终身的学习场所。

（三）灵活性

图书馆教育的灵活性主要表现在受教育者根据自己的实际情况自由选择学习方向、学习内容、学习时间、学习目标等。

（四）全面性

图书馆教育有利于培养文理相通、学贯中西的通才，因为图书馆荟萃古今中外百科知识于一炉，在授业范围上不受限制。这就克服了高校专业设置过窄的缺点。

（五）经济性

相对于学校教育来说，图书馆教育成本较低，花较少钱培养较多的人才，对缓解高校教育资源不足的状况有极大帮助。

三、图书馆是终身学习的最佳场所

（一）图书馆是终身教育的切入点

教育是推动社会进步的基础要素，是提高社会生活质量的基本手段。通过终身教育可以使人的自身发展潜力不断外显，人的知识及技能不断扩展，人的判断力不断增强。显然，终身教育所主张的教育不是单纯的知识传递，而是通过贯彻人的全面发展精神，培养适应现代社会需求的各种能力，包括认知、情感和操作技能等方面的能力，并使之和谐地发展。图书馆能为终身教育创造良好的教育环境，提供丰富的文献资源，为全社会成员提供具有终身学习特点的即时教育条件，因而图书馆是终身教育的切入点。一般地讲，一个人接受学校教育是间歇性的，甚或一次性地终止于就业，而接受图书馆教育则能伴随其终身。图书馆教育是全民性教育，它的教育对象是一切能阅读文献信息的社会成员；图书馆教育也是终身性教育，它伴随着人的一生；图书馆教育更是全面性教育，它能对社会成员进行思想品德教育、专业知识教育、综合知识教育及信息情报能力教育；图书馆教育又是一种知识集合性教育，它有别于家庭教育、社会教育，是与一切正规学校教育相区别的独特教育。

终身教育是学校教育在时间、空间及其职能上的延伸。图书馆能为终身教育、终身学习提供完备的学习条件。终身学习是一种自主的、轻松的、没有压力的学习，它可以进行自主学习，而且学习方式灵活。同时，在多种情况下，还具有非正规性、多样性的特点。在图书馆里，你既可以针对自己工作中碰到的问题进行学习，又可以与学者研讨、进行学术交流；既可以听专家、学者的系列讲座，又可以参加培训等非学历教育；既可以利用馆内的资源，又可以通过因特网查阅馆外的中外文献资源。在图书馆里，读者既可以围绕自身的专业进行无终结的学习，也可以结合自己的兴趣进行无确定范围的、动态的、自我满足的学习，如音乐、美术、文学、戏曲、舞剧、手工艺等。这一切就能使读者从图书馆开始，切入终身教育，进行终身学习。

（二）图书馆是终身学习的大学堂

现代图书馆是社会教育机构，是一所没有围墙的学校，是一条知识隧道。在图书馆这所社会大学里，任何年龄、职业、性别、种族、专业文化水平的社会成员，都可以按照自己的需要和兴趣，在浩瀚的书海中遨游。图书馆是一个教育场所，是一所社会大学，是实现终身学习、建立学习型社会的理想阵地。

面对科技高新化、信息网络化、经济全球化的社会，新事物、新知识、新挑战层出不穷，即使接受过良好专业教育的人，也会因为当代知识更新速度的加快而适应不了社会发展的需要。因此，人们需要不断地学习和更新知识，只有这样，才能提高自身素质和修养，才能不断提高自己的生活质量，才能适应社会经济发展的需要。因此，图书馆成为人们接受终身教育的重要场所。现代图书馆是社会教育机构，任何社会成员都可以从图书馆浩如烟海的文献中索取知识，增加学识，扩大知识范围，完善知识结构。

图书馆堪称是人才成长的沃土、迈向成功的阶梯。正因为如此，图书馆才被誉为"无形的学院、没有围墙的大学"。图书馆的教育对象十分广泛，任何人都可以进入图书馆这所大学学习，它没有时间和空间的限制，没有年龄、性别的要求，使许多进不了学校的社会成员，都享有充分利用图书馆资源获得学习的机会，都享有受教育的权利。随着科学技术不断地发展，掌握新知识将成为每个人终身追求的目标，图书馆必将成为人们终身学习的开放式大学堂。

（三）图书馆是终身学习的保证

数字图书馆是终身学习的保障。图书馆是全球终身学习的场所，是全球终身大学。经济的全球化、信息技术的普及和学习型社会的出现，使教育成为贯串人生始终的活动，任何人从出生后到死亡之前，这段人生的任何时间都可以在图书馆看书学习，接受教育。图书馆教育资源的丰富性、教育时间的开放性、教育形式的灵活性，都为终身学习的开展提供了保证。

1. 图书馆教育资源的丰富性

书籍是知识的记录，是知识的载体，书籍是教育活动的重要传播媒体，教育依靠书籍来传播前人积累的知识和经验，传播科学家的发明创造。图书馆是全球性的教育工具，它汇集和自由流通着所有的教育工具，收藏古今中外多种学科、多种语言、多种载体的文献。这些文献既记录了我国辉煌的古代文化，又记录了当代的世界文明。而如今，图书馆利用高科技手段，实现图书馆自动化、网络化、信息化与数字化。图书馆正由相对封闭、功能单一、储存印刷品为主，向多功能、开放式、提供全方位服务转变。人们在任何时间、任何地点，都可以通过互联网，有效地利用数字图书馆的信息资源。以信息存储、加工、传播与利用为重要内容的数字图书馆正在走进我们的生活。在进入知识经济时代的重要关头，人们在自我发展的道路上越来越依赖于图书馆丰富的、动态的文献资源，越来越依赖于图书馆提供的各项学术成果来丰富自己的学识，积累自身的文化素养，为世界创造更多的财富，同时也为自己创造更好的物质生活条件。

2. 图书馆教育时间的开放性

图书馆教育突破了学校围墙、教室空间和学习时间等局限。图书馆树立"大开放、大服务"的全新理念，全年365天开馆，向社会提供全面、优质、快捷的服务。任何社会成员都可以随意安排学习时间，进行学习。这些都为形成全民学习、建立终身学习的学习型社会创造了条件。

3. 图书馆教育形式的灵活性

图书馆作为文献信息中心，面向全社会公民，教育形式多样，方法灵活，不拘一格。任何人都可以通过自学、讲座、学术报告、读书座谈会、多媒体教学等形式进行学习，也可以通过远程教育，利用图书馆的电子资源和各种学习软件进行学习。可见，作为社会教育资源共享的图书馆，必然是我国高等教育大众化、普及化的具有独特优势的重要支柱，也是实现终身学习、创建学习型社会的重要阵地。

四、图书馆与终身学习理念的培养

人的一生是不断学习的一生。终身教育、终身学习是当今社会的重要课题。随着社会经济的飞速发展，人们对知识的渴求日益强烈，终身学习已成为人们适应时代发展要求的必然途径。作为图书馆，充分利用其自身的优势，为读者终身学习，提供优质服务。

（一）网络环境下终身学习者的素质与习惯培养

1. 终身学习者必备的信息素质

信息素质定义为：具有确定、评价和利用信息能力，成为独立的终身学习者。信息素质是个动态的概念，在不同阶段有不同的内涵和外延，它和终身学习的理念总是紧密地联系在一起。新一代的学习者要将自身塑造成为适应时代需求的独立、自主的终身学习者就必须通过各种途径的学习提高自身的信息素养。信息素质是终身学习的前提和条件，具有信息素养的人知道如何面对不同形式、内容和来源的信息，并进行有效的收集、评价、组织和综合利用。在求知中与信息世界互动，只有这样终身学习者才有信息素质。

2. 终身学习者培养阅读的生活习惯

阅读对一个人成长的影响是巨大的，一本好书往往能改变人的一生。高尔基说：要热爱书，它会使你的生活轻松，它会帮助你了解纷繁复杂的思想、感情和时间，它会教导你尊重别人和你自己，它以热爱世界、热爱人类的情感来鼓舞智慧和心灵，热爱读书吧，这是知识的泉源。要在学生中树立这样的理念：阅读是生命不可缺少的组织部分，阅读是幸福、快乐、精彩、高尚的过程，让终身学习、毕生阅读成为读者的一种习惯和风尚。阅读的生活习惯、阅读的浓厚兴趣需要从小培养。在世界发达国家，父母会经常带孩子去图书馆，从小培养子女读书阅读的生活习惯，并学习利用图书馆获取信息和知识的能力。无论是教师还是学生，都可以进入并利用图书馆，在这里得到阅读文化的熏陶，满足人们对知识、信息和形象思维作品的需求。

（二）图书馆对终身学习者的培养

1. 图书馆是终身学习者的重要平台

图书馆以其丰富的文献信息资源为物质基础，为人们知识更新和积累提供极大的便利，成为人们获取知识、终身学习的重要场所，任何人都可以利用图书馆找到和学到自己所需的知识，它有诸多独特优势：丰富的文献资料、灵活的学习方式和学习时间、热情周到的信息导航服务、浓厚的学习氛围、便利的学习地点等均使其成为构建学习型的重要环节和组成部分。

2. 终身学习者接受图书馆教育

飞速发展的今天，尤其是信息技术的发展一日千里，亟须读者掌握信息的技能。学校教育有着天然的局限性，知识内容相对稳定，学习年限有限制，不能适应信息时代"信息爆炸"的现实。现在学校教育越来越受到挑战，终身教育、终身学习已成为客观要求。终身教育的一个重要方面就是接受图书馆教育，利用图书馆进行自学和自我素质的提高。这就要求读者要具有利用图书馆掌握信息的能力，具有强烈的信息意识。图书馆是最基础的一环，很多读者的可塑性极强，接受能力极强。如果他们能够早日具有信息意识和掌握信息的能力，将使他们较为容易地接受终身教育，不断进取，成为永不落后于时代的现代人。

3. 让学生读者走进图书馆

传统的应试教育教学体系注重把教学集中在课本上，在教学大纲规定的范围内学习，为了应付考试，学生大量做教师围绕教材布置的作业练习。而素质教育要求学生学习的目的在于具有实际应用的本领，广泛涉取各类信息，深入实践，加深加宽作业的覆盖面。促使学生离开课本，走进图书馆，开阔视野，广泛获取信息，在不断地寻求中进一步巩固和学习知识，运用知识，提高实际应用能力。让学生有条件到图书馆的知识海洋中获取信息，丰富知识，拓宽视野。俗话说"教人一滴水，自己要有一桶水"。要提高教学质量，首先要提高教师的教学水平和学术水平。要求教师在教学之余，不断地获取信息，增长新知识。教师要积极利用图书馆或通过其他途径获取信息资料，充实教学内容。教师以身作则，在学生中将会起到潜移默化的作用，学生学有榜样，信息意识自然会得到加强。

4. 图书馆为终身学习者提供场所

终身学习社会是"人人学习，时时学习，处处学习"的社会，而图书馆责无旁贷地为终身学习者提供学习场所。当今世界知识更新越来越快，无论是一个国家，还是一个地区，要跟上时代发展的步伐，就要倡导全民学习，而且要终身学习。创建学习型社会，对于实现建设小康社会宏伟目标，是至关重要的。不少人慨叹"书到用时方恨少"是因为走上工作岗位了，才知道自己所学是那么不足。其实，只要抓紧有限的时间，自觉读书，"亡羊补牢"也是可行的，一个人一生的绝大多数时候，都是要靠自觉学习的。作为广大青少年，就更要十分珍惜宝贵的时光，把每一寸光阴都用在学习上，不仅把学习当成自己的任务，更把学习当成一种快乐。面对瞬息万变的新经济时代，学习的重要性不言而喻。"一次性学习"时代已结束，学历教育已被终身教育所取代，人们将通过多种终身学习的实践方法来打造自己的生存空间。

第六节 信息无障碍服务理念

一、图书馆的残疾读者群体

从图书馆服务而言,要构建信息无障碍的环境应包括两个方面:一是物质环境的无障碍,这主要指的是坡道、盲道、扶手、残疾人专用洗手间、专用电梯及方便按钮、设置音响信号装置。二是信息和交流的无障碍,这主要是指盲文读物、盲文计算机、影视字幕、天花板书、朗读服务、手语、网络服务、送书上门等。这是每一个图书馆特别是公共图书馆将会面临的问题。

二、信息无障碍是世界图书馆服务的宗旨

国际图联、联合国教科文组织指出:所有公众都有享受图书馆服务的权利,而不受种族、国籍、年龄、性别、语言、能力、经济和就业状况或教育程度的限制。必须确保那些由于某种原因不能得到主流服务的少数群体也能够平等地享受到各种服务,例如少数民族、身心残疾或居住离图书馆较远而不易到馆的社区居民等。这种信息无障碍的服务理念是数百年来全世界图书馆服务的宗旨。

获取信息是最基本的人权,图书馆开展对残疾人的服务是维护残疾人基本人权的体现。

自19世纪以来,世界各国的图书馆先后开展了内容丰富、形式多样的信息无障碍服务,为残疾人创造了学习和接受教育的良好环境,让残疾读者有获得生活基本因素和利用图书馆的机会,从而使他们享有包括图书馆所提供的各类服务在内的公共、行动自由以及一般的日常生活方式。

三、图书馆进行信息无障碍服务的必要性及可行性分析

(一)信息无障碍概述

信息无障碍是指利用不断发展的信息技术手段,让所有人无障碍地获取信息资源。其核心内容是利用技术手段消除某些生理功能退化或丧失的人群在信息获取、接受过程中的障碍。

图书馆的信息无障碍服务是指图书馆充分创造和利用各种条件，特别是借助信息技术，帮助残障用户获取信息，以达到信息面前人人平等的目的。在本文中，我们将残障和老年人群中那些使用计算机及其外围设备获取信息时存在某种功能性障碍的人称为图书馆的残障用户。相关的调研结果表明，残障用户希望能在家中享受图书馆信息无障碍服务。这是因为生理或心理上的残疾，给他们去实体图书馆造成很大的不便，在客观上使他们的工作学习等活动不得不在家中进行。同时，随着计算机设备的普及，家庭拥有计算机和网络的用户越来越多，这些计算机的软硬件都是经过个性化的设计，使用非常方便，因此他们主观上也更愿意在家中使用自己的计算机来享受信息服务。

对图书馆而言，我们数字化信息服务的目标是：所有人在任何时间、任何地点都可以使用连接到互联网的可数字设备来访问所有的知识。因此，图书馆在数字信息资源建设与服务中应该提倡全纳性设计——为所有人获取信息服务而设计，无论其身心是否正常、是否具有较高的网络使用技巧、其使用的是主流还是非主流网络设备等，都能够访问所需的信息资源。事实上，为残障用户服务一直以来都是图书馆作为公益性服务机构的义务。在此理念下，图书馆构建信息无障碍体系，对社会而言，可以帮助残障者获取信息，消除信息鸿沟；对自身而言，还可以提升其核心竞争力，使其在与当今国内外同行和非同行信息机构之间复杂多变的激烈竞争中胜出。

在我国的图书馆体系中，由于高校和科研机构的图书馆对社区的不开放性，公共图书馆成为为残障用户提供服务的主体。因此，无障碍信息服务是公共图书馆建设中不可或缺的一部分。

（二）公共图书馆加强信息无障碍服务技术上的可行性分析

网络将书写、口语、视听模态整合到一个系统和一个平台上，残障者可以借助特殊功能的计算机软硬件轻松上网，信息技术给残障者带来的便利远远大于非残障者，使他们因残疾而受到限制的存取信息的能力得到释放和延伸，生存和创造的潜能将得到发掘。

1. 信息无障碍软硬件平台建设的发展

多年来，为了帮助残障者更好地跟上信息社会的步伐，人们开发了很多帮助残障人群的辅助科技产品，以帮助各种残障用户访问网站。主要的硬件和软件有：屏幕阅读器、屏幕放大软件、语音合成软件、头盔式点击设备、电子触摸屏、盲文输出设备、Lynx 文本浏览器等。信息无障碍技术已经开发出来，这些技术包括能够帮助盲人、视力低下和手部运动障碍的人读网页，帮助有听力障碍的人甚至是聋哑人使用电脑操作网页等等。

特别值得一提的是，随着信息技术的发展，越来越多的便捷式移动通信设备可以直接连接到图书馆的数字化系统上,这类设备操作简便,可以使用户不必去学习日新月异的、繁杂的信息技术,就可以对图书馆中海量的数字化馆藏进行检索和下载的操作。

2. 信息无障碍数字化资源建设的发展

在残障用户所需要的信息资源建设方面,现代信息技术提供了前所未有的便利。一种信息资源一旦通过扫描等手段生成电子文本之后,利用现代信息手段很快就可以生成不同的格式,如点字文本、语音文件、大字体文本等。这极大地满足了不同类型的残障用户日益增长的各类信息资源的需求。与此同时,现代信息技术还可以在短时间内生成大量的复本。

在信息资源建设中,值得一提的是数字存取信息系统(DAISY)的出现与发展。DAISY被确定为新一代语音图书格式,并作为在互联网上语音图书的国际标准永久使用。不同于传统的只能顺序阅读的磁带版语音图书,依 DAISY 标准开发的语音图书是一种随机存取的文件,用户可以随机从文本中的任意章节、页码开始阅读,同时,用户还可以在语音和电子文本格式之间任意转换。有专家预言,下一代的 DAISY 格式图书在种类和数量上将有极大的提高,用户将不受时间和空间的限制通过 Web 界面检索该类信息,图书馆通过网络传送。

3. 信息无障碍网站建设的发展

国际上在解决网络无障碍问题方面,主要从开发先进的技术支持和规范网站设计这两个方面着手的。开发先进的技术支持是在客户端通过软硬件技术提供上网所必需的技术支持,主要的辅助技术措施有三种:屏幕放大器、屏幕阅读器和盲人专用输入输出装置。规范网站设计是在服务器端对网站内容提出设计要求并制定相应的标准。

四、当代图书馆信息无障碍服务的四大特征

(一) 从物理的无障碍到虚拟的无障碍

残疾读者到图书馆来看书和借书与正常人相比有诸多不便,因此,在信息技术的支持下,图书馆的信息无障碍服务正向虚拟无障碍方向发展。如国内外图书馆近年来大力发展的网络服务和虚拟参考咨询服务就是这种发展趋势的体现。

(二) 从读者走近图书馆到图书馆走近读者

过去图书馆的服务多为吸引读者来图书馆,包括残疾读者,以残疾读者来图书馆多作为图书馆的光荣。这固然是一个方面。但是如果我们从方便读者的角度出发,设身处地为

残疾读者着想,他们来图书馆确实存在行走不便的困难。因此,一些图书馆开展了送书上门服务。

(三) 从阵地服务到阵地服务与网络服务相结合

在世界一些发达国家的图书馆,已经将传统的阵地服务与先进的网络服务有机地结合起来。一些图书馆的空间与文献布局已经完全摆脱了多少年来习用的文献载体和文献类型的划分,而是按照内容主题来划分。如法国国家图书馆、里昂市图书馆、纽约公共图书馆等都是如此。如法律阅览室,可以将法律的图书、期刊、工具书、缩微胶卷、视听资料、电子文本、网络资源等集于一处,将印刷文献和计算机检索融为一体,这样可以避免读者包括残疾读者的来回奔波之劳。

(四) 从一般服务到"我的图书馆送到千家万户"的个性化服务

如何为残疾读者量身定做,进行个性化服务,这是提高图书馆信息无障碍服务的重要一环。上海图书馆盲文阅览区的图书馆员为了做好无障碍服务,利用业余时间学习盲文,以便能够与视障读者进行信息沟通,提供更加温馨化的服务。同时,他们还开展了结对助残活动,开展了一对一或二对一的知识帮困、文化助残服务工作。

第四章 数字图书馆的服务模式改革

第一节 数字图书馆服务模式的演变

一、数字图书馆的萌芽阶段:"馆员中心"服务模式

数字图书馆最初是基于图书馆业务工作发展的需要,其目标集中在如何提高图书馆工作效率以更好地服务用户。这种基于业务工作需要的服务模式必然是一种从信息服务人员出发,并以信息服务人员为中心的服务模式。信息服务人员在这一模式中处于主动、主要和中心的地位,是信息服务工作的中心,一切工作以是否有利于服务人员开展服务工作为目的,而过少考虑信息用户的主动参与。用户自始至终处于被动接受的地位,不能主动地选择和参与信息服务产品的生产,只能坐等服务人员给他们提供产品,他们的需求在服务人员的信息服务工作中得不到充分的反映,因而也就得不到充分有效的满足。

二、数字图书馆的产生阶段:基于信息存贮的"资源中心"服务模式

随着文献信息的增长,现有的实体图书馆根本无法承受其增长带来的存贮压力。当计算机网络与信息存贮技术为文献信息存贮压力带来了新的发展契机时,特别是数字信息处理技术为人类信息传递揭开了新的历史篇章,大量数字信息开始替代文献信息出现,这实际上是数字图书馆产生的主要标志,信息服务模式也演变为以数字资源为中心的服务模式。"资源中心"服务模式,就是指服务人员只注重文献信息资源的数字化转化,向用户提供的只是数字化了的文献信息,而缺少加工与挖掘的深度,只是简单地替换而非精细的加工与产品开发。资源不作开发,不形成适销对路的产品,对用户来说始终是一摊废物,因此这一阶段的服务模式本质上还是传统的,没有摆脱文献信息服务模式的禁锢。

三、数字图书馆的快速发展阶段:"产品中心"服务模式

这一阶段的数字图书馆主要是以 MARC 书目管理系统为纽带,基于本馆特定的数字化

馆藏资源的相对独立的数字信息资源系统。随着数字图书馆的发展，工作重心的转移，用户观念的转变，信息服务产品在服务中的地位与作用日益突出，萌芽阶段的服务模式明显不能适应现实发展的需要，产品中心信息服务模式应运而生。信息服务人员通过对信息资源加工增值形成信息服务产品，并以某种策略与方式提供给信息用户使用。在这种服务模式中，服务活动的中心是信息产品，关注的是信息资源的加工和服务产品的生产。此服务模式各要素中突出服务资源，产品的地位，用户是客体，始终有求于图书馆，居于从属地位，信息服务人员的特定服务和信息用户的能动性受到忽视。

四、数字图书馆的逐步走向成熟阶段："用户中心"服务模式

成熟阶段的数字图书馆是以对大量通过 Internet 提供的分布式数字信息资源的应用为主要特征，不再以文献数字化和具体数字资源库建设为核心，而主要是面向分布式和异构化数字信息资源，通过服务集成构造统一的信息服务系统。分布式、异构化的数字图书馆信息服务环境必然要求其服务模式有新的突破与创新，必然要求数字图书馆服务以用户为中心。"用户中心"服务模式就是信息服务工作一切从用户信息活动出发，基于信息用户的信息需求并以用户信息需求的满足与问题解决为目标的信息服务工作模式。信息服务工作从信息用户出发，根据信息用户的信息需求与解决问题的信息活动的需要，以某种策略与方式生产用户需要的信息产品提供给信息用户，用户的需求与问题在这个服务活动中得到彻底解决。用户中心服务模式充分注意到了数字图书馆信息服务活动各要素之间合理结合与服务系统功能放大，特别强调了信息用户在信息服务活动中的主观能动与参与作用，用户是这一服务模式中的主体。

五、数字图书馆信息服务模式的未来走向

迅速发展的信息网络和数字信息资源体系正在造就全新的信息服务环境：信息资源、信息组织工具、信息传递工具日益聚合为同一数字空间，信息资源系统、信息服务系统和用户信息系统日益趋向连接于同一网络空间，一种面向用户信息活动和用户信息系统来组织、集成、嵌入数字信息空间的信息资源和信息服务的信息环境正在形成。这使信息资源的物理存在与逻辑存在不再相互制约、不可分割，信息资源、信息服务、信息用户及其信息活动都聚合于同一数字空间中成为可能。与此同时，各种基于网络、基于知识、基于协作的信息处理机制也日益成熟，它们之间的链接、交换、互操作、协作和集成也日益成为可能，这都极大地支持用户灵活自主地处理信息、提炼知识、协作交流和解决现实问题。这必然要求数字图书馆服务人员从用户信息利用全过程极其复杂信息活动的角度来重新审

视信息服务系统的功能结构与服务模式,构建一种基于用户信息活动面向问题服务主动与利用自助相结合的集成式信息服务模式。它强调服务人员与用户双方的主观能动性,把数字图书馆信息服务系统嵌入用户工作与信息利用环境中,以支持用户在信息利用过程中对数字信息对象的灵活处理、知识提炼和协作交流,围绕用户信息活动、用户需要解决的现实问题和用户信息系统来组织、集成、嵌入数字信息资源和信息服务,从而更直接、深入、有效地支持用户自主检索、处理、利用信息来解决现实问题的全过程。这种模式的主要特征具体描述如下:

(一) 基于用户信息活动

基于用户信息活动就是指以信息活动为出发点和立足点全程跟踪用户信息活动。与以往基于信息资源的服务模式不同,它将打破信息系统与用户信息利用过程之间的隔绝,基于用户的信息活动的利用过程,动态适应性地聚合信息资源、信息服务系统及用户信息利用活动,致力于通过服务帮助用户解决问题。在这种服务模式下,信息服务与用户信息利用活动全过程绑定在一起,动态随机地满足用户信息需求,成为用户活动及其环境中的有机部分;信息资源体系不再一成不变地保持固定的体系结构形态,而是成为可动态组合、变化的以适应和支持基于用户信息利用活动而随机聚合的信息服务有机体。

(二) 面向问题解决

面向问题就是源于信息用户当前有待解决的问题并以用户问题解决为最终目标,即在信息用户存在着解决现实问题的信息需求并寻找合适的信息服务帮助的前提下,服务人员据此进行数字信息资源及其产品的加工生产,集成各类信息资源形成有针对性的个性化的信息服务产品或问题解决方案,运用适当的策略与方式把特定的信息产品与服务提供给用户,达到帮助用户解决现实问题的目标。

(三) 以用户满意为目标,增进用户利益、超越用户期望

数字图书馆信息服务要以用户的需求为出发点,以圆满解决用户问题为目标。用户是图书馆服务的核心,是服务质量的最终评价者,离开用户,不能让用户满意,数字图书馆也就失去生存的价值。从现实情况看,用户的需求与用户的利益并非一致。满足了用户的需求,并不等于维护了用户的利益。我们必须处理好用户需求与用户利益之间的关系,不应只是单纯满足用户的需求或欲望,更重要的是增进用户的利益。按照信息用户对信息需求的期望程度,我们可以将信息需求分为三个层次:基本需求、期望、超越用户期望。用

户的"基本需求"是信息产品或服务必须具有的属性或功能；用户"期望"提供的信息产品或服务不一定是"必须的"，却是用户希望得到的。超越用户期望，是指提供给用户一些完全出乎意料的产品或服务。我们不仅要满足用户的基本需求，还要超越用户"期望"，使用户感到满意和惊喜。

（四）信息服务内容知识性

从本质上讲，数字图书馆信息服务是一种知识服务。知识服务是指从各种显性和隐性信息资源中，针对人们解决问题的需要将知识提炼出来、传输出去帮助问题解决的过程。用户的信息需求实际上是为解决实际问题对所需知识的需求，信息只是他们用于生产知识的资源。知识经济的显著特征在于知识成为生产力的关键因素，在于产品和服务的日益知识化。知识经济的迅速发展以及社会和用户在网络环境下呈现出对知识的迫切需求，这就促使数字图书馆的信息服务必须在知识服务层次上下功夫，有效地收集、组织、存储信息资源，根据用户的需要对信息资源进行深层次开发，挖掘其中隐含的知识，将这些知识信息融合和重组为相应的问题解决方案，并将这些知识固化在新的产品、服务或管理机制中。数字图书馆信息服务的价值主要体现在其为社会经济发展提供服务的知识含量，而非简单的信息数量。数字图书馆的知识服务将会促进知识信息的传播、利用及再生产，使用户掌握知识，成为作用于社会经济发展的生产力，这是数字图书馆信息服务的价值体现。

（五）信息提供自主性

自主信息服务的实质是服务的主动性，即在没有用户干预的情况下，数字图书馆信息服务系统就能自动按照用户的信息需求提供相应的服务。该系统能够借助于智能代理技术、信息推送技术等实现知识信息产品的主动推送。具体地说，该服务模式下的数字图书馆信息服务系统能够主动分析、预测用户需求，主动搜集、加工、处理信息，主动挖掘知识，主动人机交互，主动发布推送信息。

（六）信息利用自助性

未来的数字图书馆信息服务模式把数字图书馆信息服务系统嵌入用户工作与信息利用环境中，数字图书馆服务系统与用户系统有机地融于一体，支持用户在信息利用过程中对数字信息对象的主动灵活处理、知识提炼和协作交流，从而更直接、深入、有效地支持用户自助利用信息来解决现实问题。在这一模式中，信息用户的主动性强、参与程度高，服务策略和服务内容的针对性强，用户的一切信息利用活动和问题的解决都是在服务者搭建并嵌入用户工作信息环境中的数字图书馆信息服务系统平台上自助进行。服务人员主要以数字图书馆信息资源管理、信息产品开发与服务平台的建设、维护和提供为任务，给用户提供解决问题的工具、策略、方法，控制与引导用户的信息活动。

（七）服务体系集成化

未来的数字图书馆服务体系是一种集成化服务体系。集成化服务体系，即对信息技术、信息资源、服务功能、服务人员、服务机构等各种信息服务要素进行融合集成，实现整体功能的优化，使用户得到动态的并在时间和空间上一致的面向问题的全方位、多层次、多元化的信息服务，从而构建高效能综合化的信息集成化服务体系。实施信息集成服务体系是以信息服务内容与产品的集成为目标，以功能的集成作为结构，以平台的集成作为技术基础，以人的集成作为根本保证，最终形成统一的检索平台、一次性用户认证、不同系统之间的无缝链接和完整的集成化数字图书馆信息服务综合平台体系。

（八）信息资源分布式

数字图书馆的服务模式必须充分考虑网络环境下信息资源的分布特征和信息用户需求的特点，以分布式多样化数字信息资源的互操作和整合为出发点，打破了原部门之间的严重分离，全面支持分布异构信息的检索与获取，强调对信息资源进行规范利用与管理，从而充分发挥数字图书馆在分布式的数字信息资源环境中的优势，为用户提供全方位、多层面、多角度、深层次、个性化的信息产品与服务。

第二节 网络环境下信息服务模式

一、图书馆信息服务的发展根源

（一）信息资源收藏的发展

信息工作是信息使用者的得力助手，传统图书馆提供的纸质资源已远远满足不了用户多样化的信息需求，随着科技进步与社会的发展，用户获取信息的方式发生了很大的变化，利用计算机网络获取资源成为用户获取资源的最主要方式。Internet 可以为用户提供广泛的信息，网络信息资源种类繁多，覆盖了不同学科、不同领域、不同地域、不同语言的信息资源,包括:电子期刊,图书的电子文本;论文的抽印本,技术报告;法律文件,判例,政府出版物;数值数据,统计信息,实验数据;软件;图像数据,声音数据;数据库等等。网络信息资源在数量、形态、分布、传播范围、传递速度等方面都有着与传统信息不同的特点。然而,由于网络及其信息的产生、传播和管理的无序性,使用户很难从海量信息中获得所需信息。图书馆的职责就是利用服务手段按用户的要求从信息海洋中提取特定信息,把分布无序、参差不齐的网络信息资源重新进行整理和加工,为用户提供高效和深入的信息服务。正是由于用户对图书信息需求的日益增加,通过图书馆工作人员研究用户的需求以及对信息的获取和处理过程,促使信息资源收藏不断发展。

(二) 传统图书馆面临的内外压力

传统的图书馆信息服务仅围绕本馆藏书而开展,读者服务工作的范围和水平受制于藏书的布局和规模,形成了"收藏为主"的传统图书馆读者服务模式,方式较为单一。随着现代信息技术的发展,来自校内外的压力促使信息服务改革。信息时代,读者对知识的渴求十分强烈,加之知识的创新与重组,使学科高度综合、知识高度密集,读者更需要经过浓缩的、综合的、方便适用的复合型知识;而知识的创新使学科林立的知识体系更加庞大与复杂,任何人都只能在某一领域或几个相关领域求得发展。因而,各个个性鲜明的具有针对性的读者需求,又综合成图书馆读者整体需求上的广泛性,再加上社会上的信息咨询机构对图书馆信息服务的冲击,就促使图书馆人不得不思考未来的信息服务工作,尽管有的图书馆人已经意识到信息工作的日趋复杂化,但还没真正意识到网络环境所带来的对图书馆的巨大影响,没意识到图书馆的传统服务已不能满足读者的信息需求。

(三) 远程交流是必然趋势

信息时代,数字通信将促使全球化的信息革命,行政和地理的界线阻挡不了远程的信息交流。现在多数大学都在改革教学方法,尝试利用网络远程教学来完成教学任务。远程交流是一个虚拟论坛,为教师与学生、学生与学生之间提供了基于网络的、异地进行交流的场所。学生可以利用业余时间浏览教学课件,并可实现实时多点同步语音交流;可以通过互联网和线上人员进行公开讨论和私下交流,自由发表自己的见解。由于远程教学的发展,要求图书馆馆员具有与新教法相适应的技能,诸如:用虚拟信息服务传授技能,管理电子流程的经验,以及具备在线介绍图书馆馆藏资源和信息服务的能力,只有这样,图书馆才能更好地满足读者的信息需求。

二、数字图书馆及其信息环境

数字图书馆的研究开发,是伴随着国际互联网的发展和普及而兴起的,大致开始于20世纪90年代初,起初不是由图书情报界人士首倡,但是由于图书馆是社会信息资源无可替代的集散地,因此数字图书馆成为图书馆界的一项开创性工作。数字图书馆的出现是传统图书馆跨入现代化大门的标志,它使传统图书馆的信息服务产生了质的飞跃,但这并不意味着传统图书馆即将和我们告别。数字图书馆一头紧靠Internet网,一头紧靠传统图书馆,它是传统图书馆的网上分身。图书馆的数字化实际上是指计算机管理图书馆的网络化,它涉及图书馆本身结构的数字化以及管理程序、信息传递过程的数字化。由于计算机处理信息的特点就是数字化,所以图书馆如果要有效地利用计算机为它工作,就必须在由计算机取代的每一个工作环节实现数字化。图书馆数字化发展到一定的程度才能造就数字图书馆。与传统图书馆相比,数字图书馆主要有以下几个特征:

(一) 文献信息载体的活化

信息有其各类载体,按载体功能不同可分为表达内容的载体,如语言、文字、声音、图像,保存内容的载体,如纸张、磁盘以及传输载体(如声、光、电等)。图书馆的文献载体多元化体现了物质世界和精神世界的多样化。载体多元化给图书馆的文献信息管理和传递带来了一定难度,而数字化却为之开辟了一条处理一体化的渠道。无论何种载体,印刷型的文本还是声像资料,在电脑的硬盘中一律化为二进制的数字代码,如果没有后缀作为标识名就无法辨其原型。图书馆是信息产业的一个子系统,数字化给信息系统注入的新鲜血液必然会流入图书馆领域。与其说数字化是现代图书馆的标志,不如说它是现代信息社会的标志。图书馆作为社会上层建筑,其形态完全取决于其赖以存在的社会形态。图书馆的数字化是信息社会数字化的必然结果。

(二) 馆藏结构和管理逻辑化

馆藏结构的逻辑化就是馆藏的有序化,逻辑是信息的序链,不同的序对应不同的逻辑规则,不同的逻辑对应不同的检索途径。数字化图书馆是通过数字化实现馆藏的逻辑空间向物理空间的映射,物理规则的抽象化就是虚拟空间的逻辑化。数字化是严格按照逻辑有条不紊进行的,信息的形式转变是沿着逻辑线路进行的,有了严密的逻辑,信息才能有还原原形的归路。数字化后的信息最终还要以其本来面貌和用户见面。数字化首先必须经过逻辑处理把各种逻辑关系化为数字逻辑,即由文字型逻辑转化为数字型逻辑,采用与门、或门、非门等数字逻辑电路让信息运动起来。离开逻辑，数字化便寸步难行。逻辑反映了图书馆文献信息字段以及所有功能的内在联系，而数字是计算机的逻辑语言，虚拟空间的形成意味着文献信息高度的逻辑化。数字图书馆除了需要对于一次、二次文献进行实体传真以外，还要对正常开馆、接待读者进行实境模拟，把人和物的单向动作以及人和人的交互动作移植到网上。这就需要相应的软件予以实现。图书馆进行形影分离，形留在地理空间，影移至虚拟空间，其中间环节必须依靠电、磁媒介，而电、磁的状态向量就是二进制向量。

数字化图书馆的实体和运行的文本形态是数据库和软件的集合，包括操作系统、传输协议、网络协议、数据库语言、程序设计语言、网关、多媒体控件、插件、超文本语言和各种硬件的驱动程序，其每一部件都是高度逻辑化的信息集合。可以说数字图书馆是图书馆内部逻辑以及电脑网络逻辑数字化的顶峰。其逻辑结构优劣直接关系到数字图书馆的等级水平。现代计算机的理论基础之一是逻辑代数，我国早在公元前一千一百多年已懂得两两相仪原理，逻辑演绎成"阴阳合而万物生"，经过世代研究人们终于将其作为数字图书馆的元素。

（三）全双工的信息传递模式

尽管网上浏览阅读文献和观看电视在表面上几乎一样，但毕竟有所不同。其本质区别在于前者采用了全双工的信息传递模式，而后者只是一种半双工的单向传递模式。由于采用了全双工的通信模式，人机、机机才有对话功能，实现了物理图书馆的虚拟仿真，在网上向读者进行开放式服务。虚拟图书馆和传统图书馆的形影关系说明了虚和实的辩证统一，虚源于实，而贵在真。虚拟不同虚构，仿真才是根本，实是动静的结合，虚是实的仿真，如果说数字化实现了图书馆的形影分离，空间转移，那么基于数字化的全双工通信模式实现了动静的虚拟结合，所以说全双工的信息传递模式是数字化图书馆不可缺少的特征，其数字化程度和水平远远超出了一般器械的数字化程度和水平。形影分离便于信息重组、剪辑、复制和共享，使万人异地同读一书成为可能，存取单元细化，联机脱机浏览方便，而全双工模式使影子变活，善解人意，响应及时，使人机互动的操作界面尽臻完善。人们访问数字图书馆不仅有"身临其境"之感，而且"虚出于实，而胜于实"，读者得到了从物理图书馆所不能得到的方便。这是传统图书馆不能与之媲美之处。

（四）高度抽象化的语言

数字化图书馆使用了二进制的数字语言，具有最大的兼容性。它不仅是各类语言、各种代码的结点而且也是各类模拟信号的结点,这种语言便于通信联络方式一元化。电报采用时值编码较大程度依赖于人工干预,移植性较差,电话则纯属信号模拟,而各种信号经电脑数字化后便九九归一,完成了语言的大同,由于代码解释技术的突破以及数模转换硬件的发明,数字化语言得到了广泛应用,它既摆脱了人类形象思维的拐杖,也摆脱了模拟信号难以运算的局限,它集表达与运算于一体,赋予了电脑智能。二进制的数字语言不仅可以作为信息载体,更重要的是它开发了机械的智能,发掘了数字图书馆全双工的模式功能,各种语言最终都能以二进制的统一数字方式表达,进行交流,关键是要解决通信的软件硬件接口技术问题。硬件接口就是网卡,软件接口由底层至高层实现人机、机机层层连接。各种应用软件如浏览器等处于上层,而传输协议以及网络协议则处于中层和底层,它们是人们远程联络的信使,也是访问数字图书馆的向导。数字化的意义就在于智能化,数字化的优势也在于智能化,这就是数字化受到人们青睐,得以迅猛发展的根本原因。在图书馆领域,人们只要选择适当的检索策略,查全查准都能得到理想的结果。因为数字化的二进制语言具有语言和数字的双重性,数字是可以运算的,思维的本质就是运算思维找到了运算的模拟工具。

三、数字图书馆信息服务的特点

数字图书馆信息服务是一种高效的网络化、数字化信息服务,是现代图书馆信息服务的高级形式,它从服务内容、载体形式、服务模式、服务策略与方式等诸多方面都具有区别于传统图书馆信息服务的特点。

(一)服务资源的数字化、虚拟化

信息服务资源数字化,即指信息以计算机可读形式存贮;信息服务资源虚拟化,是指信息资源表现出来的只有使用权而无所有权非占有性。

(二)服务功能一体化

对用户而言,最理想的信息服务是能够集参考咨询功能、信息检索功能和信息提供功能于一体。数字图书馆信息服务具有这一特点,它能提供最直观和最直接的全文信息浏览、数据文件下载、信息传递和数字参考咨询,以及信息发送、网页制作等网络化数字信息服务。

(三)信息存取网络化、自由化

互联网彻底改变了传统的信息提供和获取方式,将分散于不同载体、不同地理位置的信息资源以数字方式存贮，通过通信网络相互连接，提供即时利用，实现了信息存取的网络化。在数字图书馆系统中，经过整合的大量数字化信息资源可以不受时间和空间的限制，在开放的空间里自由传递。

（四）资源利用高度共享化

以数字化资源为基础，以网络技术为手段，实现跨越时空的资源共建共享，是人类实现共知共享全球信息的崇高理想。数字图书馆时代的资源共享打破了传统图书馆之间的固有限制，使众多的图书馆能够借助网络获取自身无法具备的数字信息，同时也能够将自身拥有的数字信息提供给网络共享用户，从而尽可能地避免资源重复建设，极大地拓展信息资源的拥有量，最终使整个社会的信息获知能力得以提高。

（五）服务环境的开放化

在网络出现以前，图书馆建筑实体的围墙实际上界定了图书馆信息服务工作的范围。图书馆之间的交流，图书馆与社会信息界的交流，长期处于停滞、半停滞状态。在数字图书馆时代，信息服务环境从封闭式实体馆舍转变到开放式数字空间，计算机网络将数字图书馆置身于广阔的信息空间里，最大限度地拓展了图书馆信息交流与服务的空间，图书馆真正进入共建、共知、共享、共发展的新阶段。

（六）信息检索智能化

数字图书馆的检索技术不是采用传统图书馆中惯用的关键词及其逻辑组合的方法，而是通过智能式人机交互方式来检索信息。以知识为基础的智能检索方法，是数字图书馆在信息检索方法上的重大变革。读者可以通过自然语言，不断地与系统进行交互，逐步缩小搜索目标，获取自己所需的信息。

四、图书馆开展信息服务的关键要素

（一）树立信息服务的创新理念

信息服务意味着不断改进知识和永无穷尽知识的利用过程。图书馆应该在认识和组织服务的观念上树立新的"信息服务"理念，针对人们的需要将信息提炼，为用户提供主动、高层次的服务，提供独特的信息产品，解决他们不能解决的问题，以适应社会对知识信息需求的全方位与综合化的特点，图书馆应提供以人为本的信息服务，不断改变其策略、组织结构和信息服务重点，不断满足用户新的信息服务方面的需求。

（二）建立信息服务所需要的信息资源库

由于网络所带来的开发式信息环境，大大扩展了图书馆的服务空间和影响。图书馆已经成为网络环境中不可忽视的重要成员。图书馆的工作重点之一不再是以保护馆藏为主，而是通过网络充分揭示图书馆的馆藏资源，不断调整服务方式和策略，根据用户需求的变化，不断加大与用户的对话和交流，开发个性化、专业化知识库，开发用户所需的信息资源库，不断满足用户的信息需求。

（三）利用现代化的管理手段，开展有特色的服务

图书馆应不断寻求新的支持信息服务的技术机制，不断提升图书馆的竞争优势，为图书馆的创新服务提供物质基础。在知识管理时代，用户也希望以最快速度获得可直接利用的信息产品，从而要求图书馆开发特色资源，强化特色服务。所以图书馆应利用智能化的服务手段，对蕴藏于大量显性信息中的信息内容进行提炼、比较、挖掘、分析、概括、判断和推论，向具有不同信息需求的用户提供因人而异的、有针对性的特色信息服务。

五、数字图书馆信息服务的理念

信息服务理念是开展信息服务工作，确定服务策略、方式与模式的思想准绳和理论基础，是信息服务的灵魂。要做好信息服务工作，首先必须解决好信息服务理念的问题。数字图书馆信息服务必须创新自己的服务理念以适应形势的变化来指导其服务实践。

（一）以知识为服务内容

数字图书馆本质上是一种面向用户的网络化数字知识资源体系，它不再是向用户提供零散、杂乱的信息或信息线索，而是向用户提供所需的系统化的有序的知识或知识体系，工作重点从文献单元转移到知识单元，强调信息资源的开发利用与增值。数字图书馆信息服务的价值主要体现在其为社会经济发展提供服务的知识含量上，而非简单的信息数量。用户利用数字图书馆所关注的是能否从繁杂的信息资源中捕获到生活、学习、解决现实问题所需的知识，将这些知识融化和重组为相应的问题解决方案，并将这些知识固化在新的产品、服务或管理机制中。数字图书馆的知识服务将会促进信息、知识的传播、利用及再生产，使用户掌握知识并使之创新转化为技术，成为作用于社会经济发展的生产力，这才是数字图书馆信息服务的价值体现。

（二）以用户需求为中心

以用户满意为目标，从满足用户需求到增进用户利益、超越用户期望。数字图书馆信息服务是满足用户生活、学习和解决现实问题的信息知识需求活动，数字图书馆的一切服务要以用户的需求为出发点，以用户满意为目标。从现实情况看，用户的需求与用户的利益并非一致。满足了用户的需求，并不等于维护了用户的利益。我们必须处理好用户需求与用户利益之间的关系，不应只是单纯满足用户的需求或欲望，更重要的是为了增进用户的利益。同时，我们还要在满足用户的基本需求增进用户利益的前提下，超越用户"期望"，使用户感到满意和惊喜。

（三）面向问题、跟踪用户活动

充分发挥用户与服务人员双向互动作用。数字图书馆的信息服务是一种以科学为依据，以知识为基础，综合利用现代科学技术和方法，为解决用户所面临的各类现实问题而进行的一系列智力活动。帮助用户解决手头的现实问题是数字图书馆信息服务的目标。因此，数字图书馆信息服务的一切工作都必须面向用户的问题，全程跟踪用户的信息活动，充分发挥用户与服务人员双向互动性，直到用户问题的最终解决。数字图书馆信息服务将服务融入用户活动中，根据用户的要求来动态地和连续地组织知识和提供服务，服务贯串于用户信息知识需求、接受、决策与问题解决的全过程，这是一个用户与服务人员互动的过程。

（四）服务应该做到个性化

给用户提供全方位的信息是不可能的，独特的个性化信息服务才是每一个数字图书馆生存和发展的关键。数字图书馆应该基于信息用户的信息使用行为、习惯、偏好、特点及用户特定的需求，来向用户提供满足其个性化需求的信息、知识内容和系统功能。数字图书馆个性化信息服务首先是一种能够满足数字图书馆用户的个体信息需求的服务；其次是一种培养个性，引导需求的服务。它主要包括三个方面的内容：服务时空的个性化、服务方式的个性化、服务内容的个性化。

（五）服务管理上引入用户关系管理理念和全面质量管理方法

用户关系管理理念旨在改善数字图书馆与用户之间的关系，其核心思想是将用户关系作为重要的资源，通过完善服务来满足用户需求；将注意力集中于用户发展，以便使潜在用户变成现实用户、现实用户变成忠诚用户；通过满足用户需求，与用户建立长期稳定的关系，从而不断拓展产品或服务的范围。全面质量管理方法是为了达到用户最高满意程度所进行的全面的、彻底的内部机构与服务功能重组与改进，建立完善的服务体系，使整个数字图书馆服务体系各项功能和服务过程从规划、组织、协调到控制能够做到系统有序的配合，以形成人人参与和追求高品质服务的组织文化，其目的在于最大限度地满足用户的信息、知识需要。

第三节　数字图书馆个性化服务模式

一、个性化信息服务概述

（一）个性化信息服务的含义

个性化信息服务，应该是能够满足用户的个体信息需求的一种服务。即根据用户提出的明确要求提供信息服务，或通过对用户个性、使用习惯的分析，利用现代信息技术、数字化信息资源，主动向用户提供的能满足用户个性化信息需要的信息服务。个性化服务包括服务时空的个性化，在用户希望的时间和希望的地点得到信息服务；服务方式的个性化，能根据用户个人爱好或特点来开展服务；服务内容个性化，所提供的服务不再是千篇一律，而是各取所需，各得其所。

个性化信息服务的好处，对于信息的接受方——用户来说，可以更容易地获得根据自身需求特点"定制"的信息资源，增强了图书馆的利用率；对于信息提供方——数字图书馆来说，可以更直接、更科学地了解用户的信息需求与自己提供的信息的冗余和不足，适时地调整自身的服务策略、方案来满足用户的信息需求。

（二）个性化信息服务的主要模式

1. 分类定制服务

分类定制服务是指信息用户可以按照自己的目的和需求，在某一特定的系统功能和服务形式中，自己设定信息的资源类型、表现形式、选取特定的系统功能等。现在基于分类定制的服务仍然是个性化信息服务的主流，包括早期的由新闻剪裁、股票报价、目录推荐等组成的个性化 Web 信息服务及现在网上流行的网站为用户建造创立和管理自己的信息或兴趣群组。

2. 信息推送服务

信息推送服务是运用推送技术实现的一种个性化信息服务。它通过一定的标准和协议，在因特网上按照用户的要求，定期主动地向用户传送需要的信息。其最大的特点就是能实现用户一次输入请求，服务器根据已建立的用户和信息的对应关系，定期地、不断地向用户推送最新的动态信息。推送服务具有一定的智能性，服务器能动态地了解用户的信息需求和兴趣，据此自动建立和更新用户兴趣模型，实时搜集信息资源中读者感兴趣的某领域的信息，主动地向用户推荐其所需要的、新出现的信息资源，并能根据用户的反馈进一步改进推荐策略。

3. 信息帮助检索服务

如何帮助用户进行高效的信息搜索也是当今数字图书馆信息服务向纵深发展的重要内容，也就是向用户提供满足各种个性化需求的服务。人们更多的是通过研究用户检索行为特点，设计相应的检索智能帮助软件来提供此类服务。通过研究，人们发现信息搜寻是不精确的过程，用户在搜索过程中常常不能清晰地表达他们的目的，用户的信息需求常常难以转换成准确的提问式。事实上，用户经常需要通过与检索系统动态交互来确定其提问，在交互过程中，形成相关的判断，由此来调整他们的目标。因此，用户是通过搜索过程来不断学习的，不断地调整他们的信息需求。有效的检索系统应该允许用户能多次估价目标，由此调整他们的检索策略，应该在用户提问修改中提供帮助，让用户容易进入搜索系统数据资源的主题领域与内容范围。

4. 智能代理服务

用户在检索信息时，有时很难清楚地知道自己的兴趣爱好和需求或不能确切地表达自己的需求，而分类定制的方法又常常不适用于用户的这种情况。运用智能代理技术就可较好地解决这个问题，它是一种能够模仿人的行为执行一定的任务，不需要或很少需要用户干预和指导的系统。智能代理通过跟踪用户在网上的活动，自动捕捉用户的兴趣和爱好，主动搜索用户感兴趣的信息并提供给用户。

5. 垂直门户服务

垂直门户服务则是通过汇聚网上某一特定专题信息资源并对其进行挖掘及加工，以满足用户基于专业的深入的信息需求。垂直门户的特点在于它对网上的专题信息资源进行集成、识别、筛选、过滤、控制、描述与评论，组织目录式索引提供源站点地址，并带有专业搜索引擎。与综合性门户网站"大而全"相比，垂直门户力求信息内容做到特定领域内的全面和专深，立足于提供某一领域的精品服务，这种特定服务可以有效地把对某一特定领域感兴趣的用户与其他用户区分开来，更好地满足用户的特定信息需求，从而提供个性化的高质量的信息服务。

二、个性化服务的原理和系统模式

个性化服务的基本思路是：用户在登录图书馆站点后，输入身份认证信息，认证授权系统进行验证后，系统将相应的模式赋予用户，用户也可以调用相近的系统定制模板完善定制。个性分析中心经过信息收集和抽取结合用户 Profile 描述文件，形成用户特色请求，并从知识库中提取有关信息，进行筛选、过滤，获得有用信息送往个性化分析中心，更新用户模型，把结果送给个性化信息调度中心，调度中心再从资源库中提取用户需要的信息，最终返回给用户。用户可以对系统所提供的资源进行相应的浏览和查找，系统会自动针对用户利用系统资源的行为和操作行为进行用户行为监控和用户兴趣的学习。个性化服务系统模型通常包括用户界面、个性化系统 Agent、用户模型、个性化分析中心、个性化信息调度、个性化信息库等。

个性化 Agent 可以代理用户或软件程序收集有用的信息或者跟踪某个感兴趣领域的发展，实现网络信息收集、处理、检索的自动化和网络信息检索服务的个性化。智能代理可以根据用户事先定义的信息检索功能要求，主动地通过智能化代理服务器在网络上为用户搜索最感兴趣的信息，或实时监视网络信息源的变化，如指定 Web 页面的更新、网络新闻、电子邮件、数据库变化等，然后利用代理通信协议把过滤、加工过的信息按时推送给用户，还可以通过学习了解用户的行为、爱好、兴趣，推理出用户以后的潜在需求，并根据用户的评价和反馈调整自己的行为。

用户需求模型又叫用户描述文件，是实现个性化服务的重要部分，可以分成两种：第一，兴趣模型。具体表示为加权矢量模型、类型层次模型、书签和目录结构模型、加权语义网模型等。加权矢量模型是个性化服务最常用的用户建模方法，其基本内容包括：表示信息内容的向量、当前活动的上下文、当前活动的基于知识的推理形式，以及一个用户关键词集合。其中每一个关键词具有一定的权值，用户表征其对该用户的实际重要性，在用户反馈之后，用户模型遵循一定的规则进行关键词的动态插入、修改或删除。第二，行为模型。具体表现为用户浏览模式和访问模式。在实际工作中，基于兴趣和基于行为的两种模型应综合使用。可以在获得用户原始定制需求内容的基础上，运用机器学习和数据挖掘的算法，从用户的浏览行为数据中，挖掘用户的行为模式，建立个性化用户模型。在得到用户反馈的更精确的信息后，不断调整用户兴趣的权重或兴趣层次结构，对现有用户模型进行更新和完善。需要注意的是，不同的系统对应不同的反馈过程，在更新过程中，需要根据系统的实际情况设计相应的函数和概念层次。

个性化分析处理中心根据用户模型送来的数据，结合用户个性数据库进行个性分析，将用户模型的值和用户信息匹配，产生对用户模型的描述结果，用户更新用户个性数据库，并利用个性数据库中的数据产生相应的用户需求的结果集，送往个性化调度中心，用户从资源库中取得用户需要的资源。其中，对于数据进行个性化分析的过程，不同的资源、不同的用户有不同的分析处理算法，在设计时，需要考虑可能涉及的数字资源、用户的类型以及资源的内容所属的领域，个性分析中心的处理是整个数字图书馆个性化服务模型的另一个重要问题。

个性化信息调度的目的是把用户最需要的信息推送给他，在这个过程中，信息处理过程是透明的。知识库有用户库与资源库两种类型。在资料库中包含着各种类型的数据，如用户信息、借阅统计、用户模型参数等。资源库群包括各种媒体信息，数据量巨大。在个性化服务系统中，用户库和资源库群相联，使用户兴趣信息与数字调度实现无缝连接。

三、开展个性化服务的必要性

特定的图书馆服务模式与那个时代特定的服务观念、技术条件、信息需求和竞争环境相联系。图书馆服务只有跟上时代的步伐，与时代同步，才能发挥其社会价值，赢得用户的尊重和生存发展的广泛社会基础。个性化服务正是这样一种服务，虽然就"个性化"本身的含义来讲，个性化服务并非新技术的专利，在传统图书馆早就存在，但是受制于诸多方面的因素，传统图书馆的个性化服务不可能像现在这样受到欢迎、受到关注、得到支持。因为，现代技术条件下数字图书馆的个性化服务符合当今社会的信息需求，满足了用户和社会经济发展对信息服务的渴望。

（一）个性化服务有利于集中体现数字图书馆的人本观念

图书馆的价值是通过服务于社会与人来实现的，图书馆在服务过程中所形成的服务理念，是直接影响图书馆服务对象对信息资源的需求能否满足的关键。在阮冈纳赞提出的图书馆学"五定律"中就深刻反映了对图书馆服务人本理念的要求，在图书馆服务中也把"读者第一，用户至上"奉为理念。但是，传统图书馆历来以收藏文献、等待读者上门为主，很难充分体现出"以人为本"的服务方针。而数字图书馆不仅在现代技术上革新，同时强调观念上的转变，强调以用户为中心，从以传统的文献服务中心转变或以信息服务为中心。数字图书馆个性化服务的人本理念是综合性的，不仅体现在通过个性化服务方法向用户提供个性化信息,而且体现在数字图书馆设计、环境优化、科学管理等各个方面,于是对构建数字图书馆个性化服务的要求也仅仅从"服务"的角度扩展到图书馆规划、组织、运行、调控的各个方面。

(二) 个性化服务有利于满足用户多元化的信息需求

个性化服务是数字图书馆满足用户多元化信息需求的过程。在多种因素的共同作用下,每一用户的文献信息需求均体现个性化的特征。尤其是在科学技术日益发展的今天,人们对于文献的需求大量化和高级化,这使用户需求的个性化差异更加明显,以文献和管理为主的大众化服务模式显然不能适应用户个性化的需求。比如,对于数字图书馆的研究型读者来讲,他们站在学科前沿开展自己的研究,需要了解国内外学科发展、前沿动态等最新的相关信息,信息需求表现为"新"。同时,他们需要的信息是从信息表面挖掘出来的深层次知识,是摒弃了信息载体的知识集合,而且他们需求信息的面有时也比较宽,要求对问题的解答要"准"。要满足他们的需求,就必须开展个性化服务,除此之外,其他类型的服务模式是无能为力的。此外,个性化服务还是提高服务质量的过程,其不断深化,必然要求相关的理论研究、人员素质、科学管理等与之配套,为之服务,以保证服务的质量。

(三) 个性化服务有助于缓解信息资源的供求矛盾

信息资源的供求矛盾主要体现在两个方面。第一,在数量庞大的信息面前,用户不知所措,不知如何获得所需信息,形成相对的信息过剩和信息浪费。第二,资源共享程度差,用户无信息可用,形成绝对的信息不足。解决这个问题,一方面要改进技术手段,加强对信息资源的揭示,另一方面要建立协作机制,推动信息资源的共享。但是,无论是改进技术,还是共建、共知、共享,都不是孤立的,任何向此目标努力的策略、措施都是整体化的、有机的、协调的,共同的理念就是个性化服务。其一,个性化服务可以解决用户在信息海洋中找不到所需信息的问题;其二,个性化服务的主要趋势之一就是联合服务,这又可以解决独立的数字图书馆信息资源匮乏的问题。

(四) 个性化服务是优化服务方式的主要途径

过去图书馆提供的是一种被动服务,参考咨询服务是等待用户上门、等待用户提出问题,然后根据这些请求来做简要的回答,借阅服务是抱着"我提供什么,用户就接受什么"的服务理念。数字图书馆开展个性化服务,就是想通过借鉴信息技术,在对信息资源进行搜集、整理和分析的基础上，根据用户的特定需求，有针对性地为用户提供所需信息与知识，从而实现服务方式由被动服务向主动服务的有效转变。数字图书馆创新归根结底是对服务层次的提升和对服务质量的优化，而其依赖于对服务模式的变革。个性化服务之所以发展如此迅速，就在于其适应了这种要求。

（五）个性化服务有助于数字图书馆参与竞争

随着国内信息产业的崛起，众多信息服务机构如雨后春笋般出现，数字图书馆不再是提供信息服务的唯一机构。一些出版社、联机检索机构开始向用户提供多方面的服务。这样，数字图书馆不可避免地受到其他信息服务机构的冲击。如果图书馆无视用户需求变化的新特点，不通过服务方式创新来提高服务质量，那么，图书馆的用户将会不断流失，数字图书馆存在的价值将受到质疑。应该讲，图书馆人才、信息资源、设备、馆舍、宗旨等都是竞争资源，但是借助这些资源改进服务工作，大力发展个性化服务才是最有力的竞争手段。

（六）个性化服务可促进数字图书馆工作对新技术的适应性

服务模式和科学技术是相联系的，有什么样的技术，就会有什么样的与之适应的服务模式，服务模式受技术的限制，不可能出现超越技术条件的服务模式。所以，传统技术环境中的个性化服务无论在手段、内容、方法上都有其局限性，也满足不了用户的信息需求。相反，现代信息技术克服了传统技术的缺点，奠定了开展高层次、高质量个性化服务的基础。但是，技术的潜力只有通过挖掘才能焕发出来，其功能只有通过应用才能得到发挥。只有开展个性化服务，才能充分调动技术的积极因素，才能用足、用好技术，才能把数字图书馆的发展真正建立在科学技术的基础上。

（七）个性化服务可以提高数字图书馆的资源效益

个性化信息服务可以为数字图书馆用户提供简化的直接用户界面及专深的信息内容，极大地改善了用户的信息检索环境。同时，个性化信息服务也成为数字图书馆了解用户信息需求和资源使用情况的窗口。它通过智能代理可以自动跟踪用户在利用数字图书馆中的某些规律，即时捕捉用户信息需求的变化，从而改进数字图书馆的任务。基于 Web 日志的挖掘可以及时掌握资源的使用状况，从而更为合理地调整数字化资源收藏、采集、组织，提高信息资源的使用效益。不仅如此，个性化服务对图书馆的经济效益还可以通过管理效益、社会声誉等得到体现，也就是说，个性化服务将提高数字图书馆的综合办馆效益。

四、开展个性化服务应注意的问题

（一）坚持个性化与大众化的统一

个性化服务强调服务的个体化特征，把注意力集中到满足特定个体用户信息需求上，在这一过程中，采用了智能代理等技术，跟踪用户的计算机操作行为、网络操作行为，以建立和维护用户的需求模型。除了考虑到信息服务的个性化特征以外，还要考虑到要满足用户的大众化要求，为用户提供更多的渠道，更宽松的信息利用环境，允许用户做出多种选择，减少系统使用的复杂性和用户的花费，设计通用的简洁的用户界面，提高信息检索和使用的大众化程度；考虑到一些具有共同特征的用户群的信息需要，应设置一些较宽泛的主题领域供用户浏览选择。

（二）坚持技术性与人文性的统一

在数字图书馆个性化服务系统中，由于更加强调了系统设计和使用中的技术因素，并且由于在特定的时期内，一些技术还难以达到十分完善的程度，因而难免存在照顾技术上的方便性，而忽略用户信息利用的人文性。因为信息的查找和利用是非常复杂的心理过程，是由未知通向已知的学习和创造过程。这一过程要受到方方面面的可变因素的影响，因而在系统设计时，要充分体现系统的人文性，增加使用过程的透明度，给用户提供更多的自由度、选择权和灵活性，建立技术性基础上的人文性，使用户能够方便地与系统进行互动，把代理技术与用户互动有机结合起来。

（三）坚持虚拟性与现实性的统一

数字图书馆个性化服务系统建立在分布式的虚拟的网络资源基础上，尽管网络资源从绝对数量来说是丰富的，但对用户真正有用的或能被用户利用的信息是十分有限的，因此，数字图书馆必须解决好存与取的矛盾，即有计划地、不断地将有用的文献信息和其他信息投放到网络上。坚持虚拟性与现实性的统一还要求数字图书馆将基于网络虚拟资源的信息服务与基于图书馆馆藏现实资源的开发利用结合起来，建立全方位的立体的信息服务体系。

（四）坚持标准化与预见性的统一

标准化的意义在于它能通过对经济、技术、科学及管理等社会实践中的重复性事物和概念，通过制定、发布和实施标准达到统一，以获得最佳秩序和社会效益。应该说标准化是现代社会的主要特征之一。在网络信息资源组织和服务中只有坚持标准化，才能实现数据共享，使不同的系统和不同结构的数据类型能够在统一的标准下得以共存和利用。但标准从来就不是一成不变的，标准的滞后性有时会严重束缚技术的进步和科学的发展。因而，在数字图书馆个性化主动信息服务系统的设计和开发过程中，要坚持标准化与预见性的统一，即要在主体框架上符合标准化的原则，同时为了特定的需要，要大胆地使用有发展前景的非标准型技术，在一定程度上要保持技术上的超前性和灵活性，只有这样才能保持系统的先进性，并据此提高用户信息服务的质量。

五、数字图书馆个性化服务开发模式

由于用户的需求是多样的、有差异的，所以数字图书馆提供的个性化服务具有不确定性。数字图书馆开展个性化信息服务一方面要管理、人才、资金的配合支持，另一方面也需要一定的技术保障，比如导航库技术、信息过滤技术、智能代理技术等，其中知识挖掘是开发个性化信息服务的重要技术条件。知识挖掘是在数据挖掘的基础上提炼的，大致可以用下列公式描述：New Knowledge（新知识）= Data（数据）+Prior Knowledge（已有知识）+Goal（目标）。首先要有用户知识需求的目标，然后根据数据分布特征以及已有的知识特点进行加工挖掘，为用户提供有用的新知识。通过知识挖掘可以将用户从繁杂的信息收集工作中解脱出来，数字图书馆针对用户的信息需求，对大量原始信息进行整理、分类、加工和研究，提炼出精练的、可识别的并可用于预测与决策的信息。所以，要实现个性化的信息服务需要解决以下两个方面的问题：一是准确把握和识别用户信息需求，二是提供附加值更高的信息。而以上目标只有通过用户知识挖掘和学科知识挖掘才能实现。

（一）用户知识挖掘

用户需求的产生引发个性化信息服务，数字图书馆只有充分认识用户，才能设计、开发出满足用户需求的信息知识。所以一切要以用户需求为目标，个性化信息服务的开发基础与前提是加强对用户需求的挖掘和研究。根据客户关系管理原理，用户知识主要包括三种类型的知识流：用户需要的知识、来自用户的知识以及关于用户的知识，不同类型的知识流有不同未表达的、处于朦胧状态的信息，然后根据这个潜在需求来预测用户未来需求的变化趋势。同时，通过关联分析技术与用户聚类分析技术实现用户知识的深度表达。

（二）学科知识挖掘

与用户知识挖掘相对应，学科知识挖掘的重点是利用挖掘技术对学科信息进行定量的

分析，提取出隐含在粗糙信息中的知识，并开发出面向学科的专业知识池。其主要目的是洞悉未知知识间的联系，同时进行集成加工。这个过程包括以下环节：信息采集、特征提取、整理、分类、聚类、识别与评价等。

学科知识挖掘一般采取如下的流程：

1. 信息采集

知识挖掘的对象是与学科知识相关的资源。资源信息采集一般遵循先内后外、先易后难的原则，先收集本图书馆的信息，然后再逐步扩散到其他网络资源、图书情报机构等。

2. 信息过滤

收集到的信息大都存在噪声和冗余、重复信息。在正式加工之前需要对这些无用信息进行过滤，然后按照一定的算法以及识别信息之间的语义关联将信息进行聚类。

3. 信息汇总

将同质的学科知识归纳成系统的知识库。除了一般性的策略性知识、陈述性知识、流程性知识外，学科知识库还包括学科知识之间的关联以及知识规则。

4. 信息提供

结合用户个性化需求，将集成后的学科知识提供给用户。

5. 反馈评价

反馈评价是知识挖掘的最后一个环节，也是关键的一个环节。这一阶段通过用户对信息产品的评价，可以为新一轮的知识挖掘提供建议和意见。

六、基于知识挖掘的数字图书馆个性化服务策略

（一）超越用户需求服务策略

"以用户需求为导向"的服务策略是图书馆遵循的基本原则，即数字图书馆针对用户表达出的需求设计开发服务产品。但随着网络经济带来的竞争和挑战，数字图书馆要创新服务理念和服务方式，要采取从传统的"用户需求导向"的服务策略转向"超越用户需求导向"的服务策略。超越用户需求导向要求关注用户尚未认识到的模糊意识。在遵循传统现实需求的基础上超越需求，考察每个用户需求的动机和内因，将分散的需求和潜在的需求加以挖掘，从现实需求中开发和创造出未来的需求。数字图书馆通过实施超越用户需求服务策略可以在激烈的竞争环境下打造自己的核心竞争力，充分发挥图书馆员的个人潜力，搭建信息与用户的智能中介，实现数字图书馆个性化服务产品的增值。所以超越用户

需求服务导向的实质和核心是充分把握不同用户群的心理需求和心理特点，深入挖掘用户的心智模式和认知模式。超越用户需求服务的实现离不开知识挖掘技术的开发和应用。除了用户提出的需求，超越用户需求服务关注的重点应在用户尚未意识到的需求以及模糊意识到的需求。知识挖掘可以在把握用户现有需求特征和行为的基础上，挖掘用户的潜在需求以及未来可能的需求，从而为用户提供他所预期的超值服务，最大化用户的效用，满足用户更高层次的需求。而且还可以采用聚类技术将有同质特征需求的用户进行归类，提炼出用户需求的共同趋势，有针对性地提供信息服务。超越用户需求服务通过提高用户劳动技能以提高用户的劳动力价值，进而为社会创造出更大的价值。

（二）知识服务策略

知识服务是指数字图书馆充分利用自身搜寻、组织、分析、加工信息知识的能力，针对用户的信息需求和环境，有效地支持知识应用和知识创新，将解决用户实际知识问题作为提供服务的指南。数字图书馆的个性化信息服务是通过利用其优良的设备和资源，通过信息的整理与加工进而实现知识生产与创新的活动。数字图书馆要参与知识市场竞争并实现其社会价值，必须以知识服务作为图书馆服务竞争的核心。知识服务是通过知识的集成、加工，对知识结构进行重组，形成新的产品，这些产品可以满足不同用户个性化的信息需求。知识服务是基于问题的解决方案，是为用户提供个性化、高附加值的知识产品。除了准确把握和跟踪用户需求，数字图书馆还应建立和完善全方位、多层次的知识信息保障机制。数字图书馆可以集成、整合馆内馆外的信息知识，通过知识挖掘技术开发新的产品，以满足用户多元化、个性化的信息需求。实现知识服务的关键是对现有的知识进行分析、集成、挖掘。数字图书馆通过提供知识服务，实现"旧产品、新功能，新产品、新功能"的效果，提高知识的使用价值，开发个性化的信息服务，从而满足用户的差异化信息需求。

（三）人本服务策略

评价数字图书馆服务质量的标准之一是用户的感受，用户感受数字图书馆的服务质量来自两个方面：技术服务质量和功能服务质量。技术服务质量是用户在使用数字图书馆过程中得到的收获，即服务的结果。功能服务质量是用户在使用数字图书馆过程中的服务感知，即感知到的服务状况、服务态度等。技术服务质量固然重要，但在某种程度上，功能服务质量决定了数字图书馆的服务效率。心理学研究表明：因为得到劣质服务而导致客户流失的概率是因客观原因无法满足需要而流失概率的三倍。用户的需求是多层次的，在得到物质满足的基础上，对精神服务的需求在不断提高。所以，除了注重技术的开发与应用，数字图书馆更应该关注用户的主观心理感受，实施人本服务策略。用户是数字图书馆赖以存在的基础，同时也是数字图书馆存在的目的。因此，为用户提供超值的服务是数字图书馆得以存在和发展的关键。人本服务策略体现了对人的友善和尊重，是图书馆落实"以人为本"思想的根本措施，图书馆员必须急用户之所急，想用户之所想，随时倾听用户的呼声，让用户在图书馆接受愉快的区间服务。而实施人本服务的基础在于建立良好的馆户关系，深度挖掘用户的需求特征和心智模式，根据用户的信息需求，提供更加个性化、多样化和人性化的服务，提高用户体验价值，提高数字图书馆的服务效率和服务水平。

第四节 数字图书馆读者服务模式

一、读者服务内容、性质和作用

（一）读者服务概念的含义

读者服务是指图书馆根据读者的文献需求，充分利用图书馆资源直接向读者提供文献和信息的一系列活动，也被称为读者工作或图书馆服务。它是一种特殊的服务，是利用图书馆资源所进行的文献服务，其目的就是通过开发利用图书馆的各项资源，最大限度地满足读者的各种文献需求。读者服务的实质就是向社会传播知识，向读者传递文献信息。读者服务的对象是来自社会各个阶层的有着特定文献需求的社会成员，这就是图书馆读者服务与其他行业的服务（如商业、运输业服务）的主要区别。正是由于这种服务的特殊性，决定了图书馆读者服务特定的内涵和外延，它已绝非传统意义上的以借还图书为主的"读者服务"可以比拟的；作为一个规范性的概念，现代的"读者服务"在内容上已经发展成为多成分、多层次的网络结构；它通常包含了服务的对象、服务的基础条件、服务的方法、读者服务工作的管理四个方面的结构因素。

（二）读者服务的内容

从一般意义上来说，读者服务内容主要包括四个方面：研究读者，组织读者；组织各项服务活动；组织各项宣传辅导活动；组织管理工作。以上四个方面的内容相互作用、相互制约，缺一不可。其中，组织与研究读者是读者服务工作的前提条件；组织各项服务活动是读者服务工作的具体体现；组织各项宣传辅导活动是读者服务活动的基本要求；组织管理工作是顺利开展读者服务工作的根本保证。

（三）读者服务工作的性质

读者服务工作在图书馆工作中占有极为重要的地位。对于其性质，不同的历史时期人们有着不同的理解和认识。在现代社会中，文献数量与日俱增，社会文献需求日益广泛，要求读者服务工作以最快的速度从大量的文献信息中选取读者需要的文献，以满足读者的特定文献需求。这对图书馆以借还图书和宣传教育为主的读者服务工作提出了更高的要求。尤其是计算机网络系统的发展，使读者服务工作不仅在服务质量和速度上得到了提高，而且在服务的内容和范围上也得到了进一步的拓展。因此，人们又将读者服务工作看成是文献信息的传递工作。由此可见，随着社会需求的发展，读者服务工作有一个从低级到高级、从简单到复杂的发展过程，其工作性质不断发展变化。读者服务工作的性质应该充分体现图书馆的基本性质，因为图书馆的性质及其对社会的作用必须通过读者对图书馆资源的利用才得以体现。因此，就其读者服务工作的性质而言，主要特点有：中介性、社会性、教育性、服务性。

（四）读者服务工作的作用

读者服务工作的作用主要体现在两个方面，即对图书馆工作的作用和对社会的作用上。

1. 读者服务工作在图书馆工作中的主要作用

（1）读者服务工作直接体现了图书馆的性质、任务；（2）读者服务工作将图书馆资源和读者有机地联系起来，起着桥梁和纽带的作用。

2. 读者服务工作对社会的主要作用

（1）为促进科学技术的迅速发展提供有力的信息支持；（2）为培养社会主义建设人才，提高全民族的科学文化提供物质条件；（3）为加强社会主义精神文明建设提供积极的服务活动。

二、读者服务的理念

图书馆是为读者服务而存在的，广大读者及其需求是图书馆产生和发展的原动力。没有读者，图书馆就失去了存在的意义。图书馆不但需要收集大量的文献，而且需要广大读者充分利用这些文献，使隐藏在文献中的潜在价值转化为现实价值，变成造福社会的现实生产力。图书馆员就是通过各种服务，将图书馆与读者紧紧地联系在一起，向读者提供快捷、周到的服务。这是图书馆服务的宗旨，贯串于图书馆的全部业务活动中。

网络环境条件下，图书馆的信息环境和内部机制都发生了重大变化。电子出版和网络出版使读者可以绕过图书馆和出版社这些中间环节直接获取所需信息。图书馆只有全心全意为读者服务，把工作中心从藏书转向读者，才能在信息市场竞争中站稳脚跟。因而，读者是数字图书馆读者服务的轴心。

三、读者服务的模式

（一）"用户驱动"的服务模式

传统图书馆以印刷性文献为中心，所提供的服务为以馆藏为中心的文献服务，重藏轻用是以馆藏为中心的服务模式的最基本特征，图书馆的一切工作和服务都是围绕馆藏开展的，尽管也提倡"读者第一""用户至上"的服务原则，但馆藏资源和技术条件的限制使这一原则没有得到切实有效的实施。数字图书馆以分布式的数字化信息为馆藏资源，藏用并重甚至以用为主是数字图书馆服务模式的基本特征。服务理念的改变，馆藏范围的扩展，技术条件的成熟，使图书馆有条件也必须考虑和实施面向用户的服务，充分挖掘数字图书馆的信息资源，尽可能满足用户的信息需求。

（二）用网络化带动个性化的读者服务模式

图书馆的个性化服务，是针对不同人群、不同知识层次、不同社会职业、不同年龄、不同需求、甚至不同心理状态而开展的具有鲜明个体特征的、具体的服务。这种个性化的服务，要在服务的理念、服务的内容、服务的方式和手段、服务的效果等诸多方面，都能体现出个性化的特点特色，由这无数个个性化服务的实现，达到公共化服务的目的，进而实现个性化与公共化的统一。

1. 在线阅读

一系列的数字图书服务动态都是倾向于提供"在线阅读"，而且各有各的特色服务。对于读者来说是有利的，同时图书的数字化也将积极促进网络应用。

新型数字图书服务在线阅读是重点。以往数字图书馆的概念主要在于图书馆的信息化，由互联网提供的分布式电子文献信息资源的大量应用，更多的是全文检索等信息技术的利用，满足了读者迅速、准确和方便地获得信息的需求。

2. 网络个性化的其他服务

信息资源的逐步网络化为信息用户获取大量信息提供了广阔的空间和极大的便利。与此同时，网络加剧了信息数量的飞速增长，势必导致大量无效信息及垃圾信息的出现，造成网络信息领域内鱼龙混杂的局面。网络信息资源的不断激增与用户利用之间的矛盾，已经暴露出网络资源的缺陷，并严重影响着用户对知识信息的需求。在这种情况下，信息用户迫切需要有人能够为他们及时获得所需排除干扰，创造安全的网络信息环境。图书馆利用自身优势，对馆藏资源和网络资源进行深层次的开发，对知识信息进行加工、分析、整理、综合，以读者和用户的需求为中心，以充分满足读者和用户的信息需求为目的，为读者、用户提供具有针对性和专业化的个性化信息服务。

（三）将知识导航作为读者服务核心的模式

在数字图书馆建设不断取得进展和读者个性化服务不断增强的背景下，图书馆要力求成为信息管理者和知识推动者，肩负着知识导航的角色。网上信息资源多以一个信息为主，只有对它们进行深度加工，才能向读者提供更有价值的知识信息服务，因此，必须建立涵盖传统文献、电子出版物、网络资源的信息资源集成管理系统，开展一体化的读者服务，将网上的有关信息、节点归类整理，用超文本方式链接，形成专题信息导航系统，利用浏览器查检方式，与因特网实行自动连接，下载万维网服务器上的主页及利用率高的文献，做好科学配置和组织工作，便于读者使用。

（四）集成信息服务模式

集成信息服务指对于某一特定领域或某一特定用户的信息需求，把信息资源保障体系诸要素有机地链接成一个整体，使用户得到面向主题的信息服务。用户利用集成信息服务时，面对的是"一站式"的计算机界面，而后台则是整体化的信息资源保障体系。这个保障体系包括技术和制度两个方面，前者负责信息的采集、加工、分析与提供，后者负责信息资源的建设管理、质量管理、作者管理和知识产权管理。

四、数字图书馆读者服务方式和内容

（一）数字图书馆服务方式

数字图书馆发展了传统图书馆的服务方式，又利用了网络环境下的新服务手段，形成了集多种服务方式于一体的多元化服务体系。数字图书馆的建设涉及的技术面很广，包括数字化技术、索引技术、交互技术、存贮技术、搜索引擎及导航技术，因而需要强大的技术力量支持。而现在很多图书馆还不具备这些技术条件，科研、高校、图书馆等各系统应当联合起来，以保障对数字图书馆的技术支持。

（二）数字图书馆读者服务的内容

信息内容的集成是数字图书馆集成信息服务的重要内容。数字图书馆在帮助检索书目或文摘数据库进而获得原始文献的基础上，对信息内容进行加工、综合，甚至包括图像理解、语音识别、视频理解等，为读者提供具有知识内容的增值信息产品，而不只是关于信息的信息。

在数字图书馆条件下，用户可以通过网络方便存取、复制、打印、下载、套录信息。此时读者服务的重点是通过多种方式对用户进行信息素质教育，以取代传统图书馆的利用指导和书目指导，图书馆员越来越多地扮演着教师的角色。

五、数字图书馆的多元化服务体系

信息技术特别是网络技术和多媒体技术的进步，使数字图书馆一方面发展了传统图书馆的服务方式，另一方面又推出了许多基于网络环境的新的服务手段，大大拓宽了图书馆信息服务的范围，形成集多种服务方式于一体的多元化服务体系。数字图书馆的读者服务既是对传统图书馆的继承，又是对传统图书馆信息服务的扩展，更是在传统图书馆基础上的发展和创新。

图书馆服务的重点从传统图书馆以文献借阅为主的服务方式所体现的"物的传递"转变为数字图书馆对读者进行知识援助和信息素质培养所体现的"知识的传递"。

六、数字图书馆的馆员服务角色

在传统图书馆条件下，读者服务的主要项目是馆藏文献借阅服务，图书馆员的主要工作就是保管和借还图书，图书馆员的角色首先是从图书的保管和分发人这两方面体现出来，图书馆读者服务工作更多地从"物的传递"方面体现出来；其次是从参考服务方面体现出来的信息检索中介角色和从用户教育方面体现出来的教育角色。而在数字图书馆条件下，图书馆员的角色定位可以从三方面体现出来：一是管理者，负责收集记录下来的信息；二是传递者，利用所收集的信息回答用户的问题；三是教育者，将所收集的信息以有序的、可存取的方式提供给读者，并通过与读者的积极交互提高用户理解和获取信息资源的能力。数字图书馆的读者服务工作更多地从收集信息、组织信息、传递信息和读者教育的"知识的传递"方面体现出来。

第五节 网络环境下图书馆服务商业化模式

一、门户网站模式

现在的网站发展已经到了垂直门户阶段，所有的综合门户网站都在接受生存的考验。与以前的综合门户网站不同，垂直网站不是求大而全，而是力求做到在特定领域内的全面。这个领域之外的信息并不收集，也不提供这个领域外的服务。这种服务可以有效地将对某一特定领域感兴趣的用户与其他网民区分开来，并能长期而持久地吸引这些用户。

中国已经有一些垂直门户网站。网民一般都会选择在自己国家语言的网站上网，因此英文网站对中国网站的生存影响较小，而且在很多专业领域里，优秀的垂直门户网站在国内国外都很少见。因此，建立依靠数字图书馆大量数据资源的门户类网站可行性很大。

在建设完善的数字图书馆之前，需要先选择一个专业作为主攻对象，将这个专业网站不断完善，将一切与之有关的内容和服务囊括其中，最重要的是给网站的某项功能做到精益求精，使之成为在某一领域具有权威的专业网站。同时通过各项广告途径将网站推销出去，这样可以使网站在某一个领域内获得较高的点击率，然后通过相关书籍、光盘和软件的销售、有价值的租赁、读者调查、网络广告等获得增值。这样，一个有特色而又有大量数据支持的垂直网站就建成了。同时随着数字图书馆其他专业的不断完善，还可以建立其他专业的垂直门户网站。

二、知识租赁模式

当今，经济增长比以往任何时候都更加依赖于知识的生产、扩散和应用。知识作为人力资源和技术中的重要成分，其作用日益明显。

网上的信息大部分是免费的，能靠信息订阅赚钱的网站确实不容易。有调查表明，用户只愿意为两类信息付费：一类是赚钱的商业信息，另一类就是体育信息。因此，信息必须经过加工变成知识才会更有价值。知识也能在网上卖钱。

数字图书馆中储藏着大量的知识，在这方面具有天然的优势。首先建立一个网站，选择比较热门的专业，利用各种手段来提高网站知名度和点击率，快速更新和总结信息；网罗一批杰出的专业咨询人才；给读者提供全面的信息分析与评论。针对普通用户和专业用户采取不同的模式来赚钱。

三、免费信息服务模式

这种网站一般是全免费的，主要是通过网民行为分析和网络广告来获利。他之所以免费，一方面是老板有钱，另一方面使用"免费"来换取客户的统计资料，而这种资料也是很有价值的，那他为何要加入免费电子商务机制呢？以下为综合因素：避免投资风险，建立网站零风险，节省巨额的电子商务建置经费；即时有效促销公司商品；每年节省必须编列的系统维护或专线租赁费用；简短的虚拟网域名称，印制在 DM 及包装上，增加消费者利用网站与商家互动机会；实体商店结合电子商务，是未来制胜的关键；提供消费者最新及最便利的商品预购预付渠道，免除消费者必须亲临的困扰。

广告业与信息技术密切相关。IT 在传统广告业中可以有 3 个方面的应用，都会带来巨大的效益。首先是在广告制作中的应用。已有不少题材制作者摆脱了手工作业，用数字化技术进行创作、编辑、效果处理、储存、压缩和传输，极大地提高了创作效率和作品效果。其次是广告企业的管理信息系统的应用。例如，广告文档的保存和管理，可利用信息压缩、索引、搜索技术加以科学管理和高效利用；再如广告效果的统计及反馈系统，可利用联机统计调查、分析、反馈技术，加强对广告效果的监测，为广告主提供更好的服务。第三方面的应用，帮助广告企业做好营销和客户服务。例如，可建立客户数据库，记录客户的需求、广告投入以及对广告效果的反应，提高对客户广告需求的分析、判断能力；还可以建立网上的在线广告制作、传送、反馈的新型服务。广告业是具有丰富想象力的行业，在利用 IT 方面，发挥这种优势的空间相当大，有待我们共同发掘。

四、网络教育模式

进入信息化时代，人们对新兴的网络教育方式表示出认可的态度。教育的网络信息化有三大优势，一是以多媒体计算机技术为核心的教育技术在学校的普及和应用，二是可以利用网上资源提高教学质量，三是开办远程教育达到资源共享。随着信息化时代的到来，网络教育不论是在国外还是在国内，都已经普遍被人们接受。我国社会经济发展不平衡，各地区之间的教育水平还存在着很大差别，网络化教育的迅速发展，对缩小地区之间的教育差别、扩大教育规模、提高教育质量等方面将起到重要的促进作用。网上教育业务正在亚太地区以较快速度发展。

第五章 数字图书馆的资源管理

第一节 数字图书馆资源的配置、采集与编目

一、信息资源的种类

(一) 按载体材料和存储技术划分

1. 印刷型信息资源

以纸质材料为载体，采用各种印刷技术把文字图像记录在纸上，便于阅读流通，存储密度低，加工难以自动化。

2. 缩微型信息资源

以感光材料为载体，利用光学缩微技术将文字图像记录在感光材料上，存储密度高，便于收藏阅读，设备投资高。

3. 声像型信息资源

以磁性和光学材料为载体，利用磁记录记录技术将声音和图像记录，密度高，内容直观、表达力强，易于接受，需阅读设备。

4. 数字化信息资源

利用计算机和存储技术，将文字图像、音视频转为数字化信息，以磁光盘和网络等为载体，密度高、读取高速、远距传输。

(二) 按加工深度划分

1. 零次信息

成为文献前的信息存在状态即进行中的研究，值可能比已发表文献高，可填补某些高

新技术领域文献空白。

2. 一次信息

以研究工作或成果为依据撰写制作发布。提供新的知识，具有直接借鉴参考价值，是检索利用的主要对象。

3. 二次信息

对一次信息整理加工提炼和压缩之后得到的信息，便于管理大量分散无序的一次信息，又称二手资料。提供一次信息的线索，节省查找时间。

4. 三次信息

根据一定目的和需求，在大量利用有关一、二次信息和其他三次信息基础上，对有关信息知识综合分析提取，重组概括形成，是对现有信息知识的再创作、再创造，使其进一步增值，有综合性参考价值高、系统性好的特点。

二、信息资源的特点

随着计算机网络技术、数据库技术和多媒体技术的发展，人们不断赋予图书馆新的含义，并产生了许多相关的新名词：电子图书馆、虚拟图书馆、虚拟现实图书馆、无墙图书馆、全球图书馆、智能图书馆、智慧图书馆、移动图书馆。这些不同名称，只是人们为了从不同的角度描述数字图书馆（DL）的特征，不断将各种高科技应用到 DL 所产生的概念。数字图书馆作为现代信息技术环境下产生的新型图书馆，伴 Internet 和 Web 技术迅速壮大与成熟，图书馆信息资源的数字化、网络化满足越来越多的图书馆用户渴望通过网络获取他们所需要的知识信息的要求。它是组织数字化信息及其技术进入图书馆并提供有效服务的新型信息服务方式。几乎图书馆所有载体的信息都以数字化形式存取和管理，通过诸如 Internet 国际互联网等计算机网络服务，供读者随时随地查询。在网络环境下，信息组织的对象逐渐多样化，其范围也随之扩大，包括图形、图像、声音和视频信息等，信息组织已不再停留在对文献特征的描述，而是深入到知识单元、信息单元。数字化图书馆的信息资源具有独有的特点和功能。

（一）信息传递网络化

数字图书馆通过由宽带网组成的因特网和万维网将世界各国的图书馆和成千上万个计算机联为一体，网上检索信息资源，并向网络输送信息，打破了纸印文献的局域性和局限性，可以跨时空检索，极大地缩短了信号传递的时间以及信息提供者和使用者的距离，从而加快了信息交流与反馈的速度。检索功能齐全，能提供题名、著者、主题词、关键词、号码、年代、出处等多种检索途径。这种数字化的信息以机读数据的形式存在，既可在计算机内高速处理，又可借助通信网络进行远距离传播，不受时间、空间限制。

（二）信息提供知识化

信息资源内容丰富，类型多样，输出方式灵活。数字图书馆将图书、期刊、声像资料、数据库、网页等各类信息载体与信息来源在知识单元的基础上有机组织并链接起来，以动态分布的方式为用户提供服务。与传统图书馆相比，数字图书馆将实现由文献的提供向知识的提供的转变。数字图书馆信息提供的知识化，将为读者建立起"知识宝库"，而图书馆员也将成为知识导航员。随着信息加工的知识化、智能化和建立起完备的检索系统，信息提供的多次满足将转变为一次满足。

（三）以用户为主的信息资源服务模式

通过计算机网络，用户只需坐在办公室或家里的终端前，就可以对远程的数据库进行联机浏览、检索。当用户在查找过程中遇到困难时，图书馆员通过数字图书馆可向用户提供多种形式的服务，体现了双方更加密切的合作性和交流性。

三、信息资源采集的方式

（一）购买方式与非购买方式

（1）常规购买方式：如订购、预订、赊购。（2）常规非购买方式：如呈缴、捐赠、无偿调拨、无偿征集等。（3）其他方式（包括混合方式、中间方式、特殊方式）：如购买使用权（租借）、竞拍、交换、附购性呈缴、有偿调拨、有偿征集、复制、自行制作。考虑到"其他方式"中的下位类不好准确界定，建议采用N分法，在常规购买方式、常规非购买方式之后并列枚举具体方式，即常规购买方式、常规非购买方式、交换方式、租借（购买使用权）方式、竞拍方式等。

（二）两组并列性的采购方式

在购买方式和非购买方式之外，是否还存在其他采购方式分类呢？回答应该是肯定的。在可以预期的相当长的时间内，将图书馆文献采购方式同时再区分为集团采购与独家采购，纳入政府招标采购与自购，无论在理论上还是在实践上都是有意义、有价值的。

从逻辑上讲，这两种方式都具有严格排他性；从采购对象上讲，二者均主要基于有偿性的文献购置范畴，属于对文献购买方式的不同角度的重新分类。

四、信息资源的编目

信息资源的编目包括传统文献编目和网络资源编目两种形式。

传统文献编目是指依据一定的规则和科学方法，对馆藏文献资源的内容及形式特征进行分析、选择、做出记录，并将其组织成目录的过程，即文献著录和目录组织两个过程。

网络资源编目就是描述、标引网络资源的内容和形式特征，指引用户如何使用网络资源。网络信息资源所独具的特点，就是其编目的难点，所以网络资源编目工作面临着前所未有的困境。

五、编目业务外包

图书馆编目业务外包，就是图书馆把编目工作以合约方式委托给馆外从事编目业务的专业机构，完成编目数据加工的服务业务。编目业务外包的内容包括两方面：一是图书文献载体的物理加工，包括贴磁条、加盖馆藏章、贴条形码、贴书标等；二是文献内容的加工，即通常所说的编目加工，包括文献分类、标引、主题分析、文献著录、馆藏记录等。20世纪90年代以来，随着自动化、信息化、网络化进程的不断加快，国外图书馆编目外包活动进入了新的发展时期。图书馆编目业务外包能够起到降低图书馆运作成本、节约人力、加快文献信息传播速度的作用，解决图书馆面对新技术、新形式的信息资源时在人力技术方面上的不足的问题，使图书馆更好地集中馆内有限力量完成以读者为中心的各项工作。

六、编目工作发展趋势

随着网络技术的发展，图书馆文献编目的环境、内涵、外延和职业要求发生了一系列的变化：

（一）网络条件下编目环境的改变

1. 产生了新的岗位生长点

数字化资源迅速发展，其内容广泛、传播速度快和使用方便等特点，使大量读者不再局限于纸质载体的使用而偏好网络资源。随着获取信息途径的增多，网络、电视等已成为人们获取信息的主要途径。为适应读者利用文献特点的变化，各图书馆对馆藏结构做出了相应的调整，电子期刊、电子书、免费网络资源等都已成为馆藏的重要内容。因此，有序地组织和整合这些资源成为拓展编目业务的新内容。

2. 传统工作内容萎缩

继中国高等教育文献保障系统（CALIS）联机合作编目中心、国家图书馆编目中心和上海图书馆联机编目中心建立以后，随着计算机网络条件下国内联机合作编目的蓬勃发展，各地区相继建立了联机合作编目中心。这些中心为全国各类图书馆共享书目数据奠定了基础。大量的可套录数据不仅加快了文献编目的速度，降低了大部分文献编目的技术难度，提高了编目工作的效率，同时也促进了传统编目工作流程的改革，进而导致了传统编目工作内容的萎缩和部分工作岗位的消失。

联机合作编目具有执行标准统一、数据质量高、制作数据速度快等优点，在为各图书馆奠定共享书目数据基础的同时，也为书商套录书目数据、实现图书编目外包创造了条件。尽管各图书馆实现图书外包的做法不一，但是无论实现编目工作部分外包还是全部外包，都可以使图书馆节省大量的劳动力。因此，编目外包推动了传统编目工作向新的知识组织和整合领域拓展，促进了具有文献组织技能的部分人员向其他信息资源组织岗位流动和转移。

综上所述，一方面联合编目和编目外包导致了传统编目工作内容的萎缩和转型，甚至在个别图书馆中不仅失去了昔日的权威地位，而且还面临着消亡的危险。另一方面，面对虚拟信息资源采购和收集数量的剧增，如何对它们进行有效的组织，以提高读者了解、检索、辨识和获取这些信息资源的方便程度，对现代编目人员提出了极大的挑战。因此，网络环境下编目工作的挑战和机遇并存，我们应该从知识组织和图书馆知识管理的角度重新认识编目工作的内涵，在传统文献编目的基础上拓展工作的内容和形式，使编目工作在知识组织领域凸显出新的活力。

（二）编目工作内涵的变化

1. 编目岗位名称的变化

网络条件下，编目人员的角色出现了越来越多新的称谓，如"电子/数字资源馆员""元数据馆员""元数据分析员""印刷型/数字型编目员""MARC 数据库管理员""信息馆员"等。这说明在网络环境与数字化技术的冲击下，编目员的职能范围得到了进一步的拓展。图书馆编目人员具有组织管理印刷型文献信息的丰富经验，他们在收集、分析和整理信息资源方面具有的专业素养，对电子资源和其他文献类型的整合、有序化将大有裨益。随着元数据（Mata-data）格式的完善和标准的推出，编目人员在整合和处理网络资源中将扮演关键角色。

2. 编目理念的拓展

编目理念上，应具备创新意识，在新技术的协助下，设计出符合时代潮流与读者需求的目录，让编员对读者的信息需求做出更直接的贡献，如：增加目录选择及辨识的功能，让读者可以在查询目录时，除了题名之外也能看到资料的目次、著者的生平甚至是书评，并通过在相关文献之间建立关联来提高文献聚集的功能；把单一图书馆的资源与虚拟图书馆的资源实现超链接，以提高聚合读者需求的功能，由文献的揭示深入到知识层面的揭示，即深入到揭示文献的章节及单篇文章，进而提高文献的检索功能。概言之，文献编目实现由文献组织向知识组织层面的转移，是实现目录揭示、识别、聚合和获取功能的重要方面。编目理念的变化对书目数据制作的质量提出了更高的要求，使编目工作更具挑战性。

3. 编目对象的多元化

无论是实施联机合作编目还是编目外包，编目的对象都仅仅局限于传统的印刷型图书和期刊。然而，图书馆收藏的文献对象已经远远超越传统文献的范围，呈现多种载体、多种类型并存的局面，其中包括电子图书、电子期刊、网络资源、缩微资料、光盘、磁盘等多种信息资源。

4. 编目分工精细化

在联机合作编目条件下，通常90%以上的书目数据可以通过套录获取，而需作原始编目的数据占的份额很低，这使追求更高的工作效率和合理使用人力资源成为可能。因此，可以将原来以文种、流程设置工作岗位的原则，改为以原编、套录、总校和加工等按工作性质设置岗位的原则。采用这种分工模式不仅提高了编目工作的效率，同时也提高了编目工作的质量。而且可以将高级编目人员从技术含量低的重复劳动中解脱出来，让他们更多地从事提高书目质量、改善联机公共目录查询系统（OPAC）检索界面等对提高读者检索利用文献有意义的工作。此外，合作编目节省的人力资源还可以从事网络资源编目和特种文献编目的相关工作。

（三）编目工作外延的扩大

随着文献编目工作环境的拓变、内涵的变化，编目人员完全可以从传统的高强度的重复劳动中解脱出来，利用已有的专业技能，从事下列一些传统编目以外的工作，以便更好地为读者服务。

1. 加入咨询和导读队伍

编目员对用户需求的了解、对藏书的分类布局和组织体系的熟悉程度是其他馆员无法比拟的，因此可以分担一定的参考咨询工作，走到公众服务的第一线。

2. 加入自动化管理的建设队伍

图书馆自动化管理是一项工程浩大的任务，需要制定规范的工作条例以及投入大量的人力资源，编目员可以利用丰富的专业知识和娴熟的操作技能在其中担当组织、培训与管理等重要角色。

3. 加入数字图书馆建设的队伍

编目员有得天独厚的技术背景，具备接受新事物的能力，了解用户需求，所以能参与开发和推广信息软件，制作和维护网页，成为数字图书馆建设的主力军。

4. 担任"特色数据库馆员""信息馆员"

未来的社会是信息社会、知识社会，人们更需要的是深入文献实体的知识单元或信息单元。编目人员由文献组织者发展为知识组织者，编目工作不再停留于文献外表特征的描述，如题名、责任者、出版者、载体形态等信息，而转向加快二次文献数据库的建设开发馆藏资源，建设有本馆特色的数据库。

第二节　数字图书馆资源流通阅览与管理

一、数字图书馆流通阅览工作的特点

在网络环境下，图书馆的服务方式已经有了很大的变化，虽然传统的服务方式还存在，但是新型的服务方式受到更多读者的追捧，个性化服务更是图书馆工作中重点研究和探讨的话题之一。

数字图书馆的个性化服务是从信息提供者的角度为用户量身定制的信息服务，而用户体验则是用户利用这种服务的经历与感受。由于信息提供者和用户在认识方面存在偏差，所以，信息提供者只有通过与用户的交互，了解用户在使用个性化服务中的体验与感受，才能为用户提供更加切合实际的和更加高效的个性化服务。可以说，用户体验与数字图书馆个性化服务如出一辙，是目标与手段的关系，让用户获得愉快的体验是目标，而数字图

书馆提供的个性化服务则是实现这一目标的手段。

流通阅览个性化信息服务的特点：

（一）信息服务内容丰富

多彩计算机技术、多媒体技术以及网络通信技术的迅猛发展与综合利用，使人类进入信息时代。网络信息的快速增长、信息形式的多种多样以及信息传播的发展，从而使图书馆的信息服务发生很大的变化。图书馆的网络数据库，电子资源、科技查询资源等大量的信息，读者希望不仅要为自己提供更加准确的信息，而且能够按照自己指定的方式进行服务，例如提供印刷版、电子版、网络版或者是电子邮件等服务要求，读者对服务的时间和地点也有一定的要求。

（二）与读者沟通更方便

一般来说，个性化信息服务都要求构建一个友好的读者信息服务平台。这个服务系统不仅要求方便读者使用，而且可以方便读者描述自己的需求，方便他们反馈服务结果的评价，可以跟踪了解读者的兴趣与要求，以便改进服务内容与方式，提供更合适的个性化信息服务。

（三）服务更加注重时效性

个性化服务能够保证信息的时效性，并且能够主动将符合读者特点与需求的信息及时推送给读者，而且可以为读者提供最符合的信息资源，排除不相关信息的干扰，极大地节约了用户从信息海洋中搜寻的时间。在用户创建用户名和密码后，可以在任何地方通过互联网浏览器登录个性化系统查找所需要的文献资源。

二、数字图书馆流通阅览服务与创新

（一）改进服务意识

流通工作不能单纯停留在以前的被动服务工作状态，应该拓展流通部门的服务范围，深化服务内容，变被动服务为主动服务，积极开展个性化服务。在网络条件下，图书馆的工作人员要树立"读者第一，服务至上"的思想观念，改善服务态度，掌握好服务技巧，急读者所急，想读者所想，摆正自己与读者的服务与被服务的位置。例如对馆员采取请进来走出去的方式进行培训，组织到先进馆学习取经；开展网络调查，倾听读者心声等，以灌输和接受先进的服务理念，让馆员在潜移默化中改变陈旧落后的服务意识。

（二）改革服务手段

传统的流通阅览服务手段比较单一，而网络条件下图书馆的个性化服务内容已经得到了更进一步的发展。流通阅览工作可以做到如下改革。在借阅服务方面，可以做到预约、催还、网上续借等。例如建立邮箱服务，可以在系统上建立个性化服务邮箱，读者可通过该邮箱了解图书馆的藏书类别、藏书数量、新书信息等，可通过服务邮箱帮读者预定已经借出的图书，做到预约图书到馆提示，急需预约图书到期催还提示，所需新书到馆提示等服务；还可以为读者提供图书催还，网上续借等服务，还可利用通信网络，开展短信/微信新书预告和借书提示与催还等服务。在流通统计工作方面，也可以做好流通阅览的统计，分析读者的需求，与读者建立互动。可以将读者的需求图书和新书入库后的借阅信息进行分析后，反馈给采访部门，使购书计划可以得到优化调整，从而优化馆藏结构，真正做到藏为所用。还可以统计图书借阅排行榜，放到图书馆主页上，给其他读者提供阅读提示。

三、数字图书馆流通阅览人力资源管理

随着信息化进程的加快，互联网的广泛应用，现代化信息服务全面进入了高校图书馆领域。在开展原有图书馆业务，即对文献信息加工整理的基础上，以信息技术为先导，进行了传统图书馆馆藏的数字化转换、大型数字化资源的引进、网络信息资源的挖掘和组织、信息资源的整合，并利用先进的信息技术、管理模式来提高信息利用率缩短用户的响应时间。社会信息化对图书馆的挑战真正来临，对图书馆事业的人力资源提出了更高的要求。其管理方法主要有以下几个方面：

（一）采用职业化的能力评价机制，依据岗位职责对全馆员工分层分类进行评价

职业能力应是馆员学历、科研、工作能力三者相结合的综合体现。管理者制定评价标准时应依据各馆具体情况制定合理的配比，再逐一进行量化分解。在评价过程中把学历评价量化分解为专科、本科、研究生（在读）、博士（在读）、博士后（在读）；而工作能力量化评价方法是，首先将图书馆整个工作职能分解到各个部门，再由部门细化到每一个岗位，接着将岗位职责细化到每一位馆员日常的工作任务中，最后实现工作任务的逐层分类、逐级细化，确保事事有人做、权责分明。具体来说，可以采用将图书馆工作按照工作

流程分类的办法，即工作分为办公室、流通部、阅览部、文献资源建设部、参考咨询部、网络服务部等几大类，再将部门工作职责细分为采访人员、编目人员、典藏人员，然后细化到各个岗位的工作职责、工作范围、所需学历专业、具备的技能等等，把科研能力评价量化分解为除日常工作之外还需要具备的各项专业能力和科研能力。这样才能应对图书馆现代化、信息化、数字化的转变，科学、有效、快捷地进行图书馆信息服务工作，实现对知识内容性的加工整理，包括论文或科研成果、外语、计算机知识等。在评价过程中还要充分考虑个性特征，包括馆员的性格、爱好、职业道德、人生观、价值观、性别、年龄等等。在具体开展评价工作时，要根据实际情况酌情考虑图书馆及相关馆员的实际情况，评价体系与标准的制定应该成立专项小组具体负责，必须由本馆领导、人力资源专家、图书馆专业专家等各方人才参与制定，并要通过大量的数据统计、问卷调查分析工作，以科学的结论作为评价基础。

根据评价结果，我们可以确定图书馆的发展方向，结合能力评价体系，针对本馆实际情况制订招聘计划；在实际工作中，评价指标可以作为图书馆馆员的工作准则，同时为馆员培训和继续教育提供课程科目设定及考试依据。考核评价体系提供图书馆馆员能力测评的内容，能够在馆员职业发展时提供依据，给馆员多重职业发展选择。

（二）改革图书馆馆员任用机制

图书馆领导者应树立"人才第一"的用人理念，将合理利用人才作为提高图书馆核心竞争力的关键。图书馆的工作已经不再停留在简单的图书借还、加工整理上架等基础管理性工作，馆员应具备一定的图书馆专业背景，丰富的实践经验和较高的理论水平和科研能力。优秀人才更看重能够发挥自己才能的岗位和知人善任的领导。所以馆领导要给人才一定的发展空间，做到业务层次结构与人才能力结构有机结合。以职业化能力评价给出的评定作为参考来配置岗位。做到人尽其才，才尽其用。在任用机制改革中也要注意动态配置，防止人才流失。根据人才学的理论，人才不仅有能质的差异还有能级的不同，同一能级的人才应按能力在其所在人才结构中进行定位。按人才价值工程原理，人才能级与其所在职位具有的能级应该相互对应，若前者大于后者，应上升更高层次，若前者小于后者，令其提高自身能级或进行必要的岗位调整。所以图书馆岗位层次结构应该与人才能力结构有机组合，建立稳定、动态的图书馆队伍，以应对图书馆的发展与变化。

（三）加强图书馆馆员能力开发，积极开展继续教育

从整体上讲，图书馆要有一支梯次衔接、专业配套、结构合理、富有生机的图书馆

员队伍。这支队伍应在层次结构、知识结构、职能结构等方面比较适宜。要想图书馆良性发展，就需要图书馆每个成员发挥能力共同奋斗。馆员能力开发应由图书馆牵头，以继续教育培训为主、业余时间自主学习为辅。首先采用多样化继续教育培训形式，既有补充性质的培训班，又有提高性质的研究班；既有针对工作环节的专题培训班，又有更新内容的短期培训班；既有围绕某一新技术新标准的学习班，又有系统学习业务的进修班。图书馆馆员的教育与培训要形成终身教育体制，坚持在职、脱岗、交流等多种培训形式。在培训中鼓励每个馆员成为终身学习者，了解那些抑制馆员学习的因素，知道如何激励馆员学习。图书馆馆员还应当自主地将个人长期发展目标与短期发展目标相结合，依据个人的实际情况，制定既能满足工作需要又能促进馆员自身能力长期发展的职业生涯规划。认识自身的价值，自主学习并使其增值，增强职业竞争力。图书馆也可以定期对馆员的职业规划进行评估，把握馆员的职业定位和方向，使馆员的发展目标与图书馆的发展目标趋于一致。

（四）改革和健全图书馆馆员考核评价机制

以职业化能力评价为依据，结合馆员工作情况，以工作实绩、工作技能、职业道德、科研能力为考核指标，多角度考核馆员。工作实绩考核主要针对工作的数量和质量，工作技能考核主要包括岗位技能和学习能力，职业道德考核主要包括出勤、协作、沟通、积极性、主动性、接受批评的态度、工作改进的速度、品德、政治倾向、品德修养，科研能力考核主要包括资格证书的取得、学位的获得、信息的敏感度、信息的搜集能力及科研成果。

第三节 数字图书馆资源的组织与管理

一、数字图书馆资源的评价

（一）数字图书馆信息资源绩效评价体系构建的意义

数字图书馆建设工作的重要一环是数字图书馆信息资源绩效评价，这是其自我完善的具体措施，建立数字图书馆信息资源绩效评价体系具有重要意义：一是可以使各数字图书馆对自身拥有的信息资源量、服务方式方法、信息利用手段等有正确认知和全面掌控，据此制定行之有效的整改举措,以促进数字图书馆不断向前稳步发展;二是数字图书馆信息资源绩效评价可以使各数字图书馆通过总结成功经验和失败教训,来加强馆内信息资源的优化设置和有效利用,在最大范围内尽可能发挥出数字图书馆的全部功能,为用户带来更为个性、贴心的满意服务;三是数字图书馆信息资源绩效评价可以使各数字图书馆比较直观、深刻地了解其影响因素和影响程度,为评价体系的构建提供重要依据。

(二) 评价体系的构建

1. 构建的原则

(1) 科学性与合理性相结合的原则

科学性原则是评价体系构建应遵循的最基本原则,要在综合分析信息资源的基本构成、系统平衡影响因素的基础上,对评价标准进行明确定位。同时还要结合其合理性对评价指标进行有效筛选,保证指标选择与层次划分具备逻辑性,做到结构合理,层次分明。

(2) 独立性与整体性相结合的原则

独立性原则是指各指标要内涵明确清晰,尽量避免指标交叉、重复设置,以免出现"评价失真"现象。但评价体系作为有机整体,其指标之间还需要有逻辑关系,具备相关性能够相互补充、支撑,以形成一个系统、完整的有机体系。

(3) 全面性与代表性相结合的原则

全面性原则是指评价体系要尽可能系统反映全部的评价内容,在不同层次上采取不同的评价指标,做到不遗漏主要因素,但并非多多益善,而是要抓住主要因素,突出重点,选取有代表性的评价指标,做到客观实际,便于比较。

(4) 定性分析与定量分析相结合的原则

根据评价指标的显性、隐性两种特征,可分别采取定性或定量分析。如数字资源数量等指标可以获取相关数据,是显性指标,所涉及的数据资料易于收集,便于统计处理,可用定量分析法进行研究,其评价结果也可以量化表示。如馆员信息素养等指标获取不到相关数据,是隐性指标,可用定性分析法进行研究,通过一定的方法和途径对相关内容进行有效处理,尽量使其评价指标具备可比性。两者结合可以实现科学、全面评价。

2. 评价体系的组成

依据数字图书馆"资源""技术""用户"和"项目运营管理"四要素,将其提取为4个一级评价指标、16个二级评价指标,以此对数字图书馆各维度效果进行全面评估。

（1）一级指标"数字资源"

"数字资源"由数字图书馆"内容层面"确定。数字信息资源是全面还是片面，正确还是错误，是否具备权威性和时效性等，都是对数字图书馆信息资源绩效衡量的重要依据。"数字资源"细分为"资源配置""资源适用性""资源特色性"资源更新性"和"资源整合能力"五个二级指标。

（2）一级指标"系统技术"

"系统技术"由数字图书馆"系统层面"确定。因为数字图书馆的储存空间非常巨大，所以就必须要有先进、有效、稳定的系统来储存，以保障用户的检索资料的信息行为。对储存系统的有效性进行评价，是衡量数字图书馆信息资源绩效的重要依据。"系统技术"细分为"检索界面""检索方式""检索效率""系统速度"和"系统稳定性"五个二级别指标。

（3）一级指标"用户感知"

"用户感知"由数字图书馆"利用层面"确定。数字信息资源的存在，以其可用、适用的特性可以满足用户的信息需求，是评价体系的重要评价指标。"用户感知"细分为"用户满意""用户互动"和"用户知晓"三个二级指标。

（4）一级指标"运营管理"

"运营管理"由数字图书馆"成本层面"确定。数字信息资源质量以及用户满意度，可以通过对比成本与收益之间的差距来体现，通过数字图书馆的"低成本"实现用户的"高满意度"，可以作为衡量信息资源绩效的有效标准。"运营管理"细分为"资源使用成本""资源支出成本"和"人员培训成本"三个二级指标。

3. 评价体系实践

要实现数字图书馆信息资源绩效评价体系的有效运行，就要对其进行正确合理的有效操作，数字图书馆信息资源绩效评价体系实践流程如下：用户调查→调查抽样→数据统计→数据处理→数据分析。

在"用户调查"阶段，设计调查问卷，并结合数字图书馆实情对调查指标做出微调，以确保问卷的科学合理性；在"调查抽样"阶段，要对抽样规模进行有效控制，对抽样范围进行有效选择，以提升调查的可信度；在"数据统计"阶段，应用恰当的统计工具对调查数据进行计算；在"数据处理"阶段，对调查用户进行地域统计，计算评价指标的综合期望与感知差距；在"数据分析"阶段，采用某种分析法对已整理的调查数据进行细致分析，评价各变量是否存在联系，以及其之间联系的程度。

二、数字信息资源的综合利用

（一）课题查询及论文搜集资料

一般来说，大学教育是我们从事专业性课题研究的开始，在进行科研活动时，一方面要借鉴前人和同行的研究成果，或解决问题，或在此基础上有所创新，另一方面要避免课题的重复研究，浪费无谓的精力和时间。文献及其他形式的信息资料是科学研究成果的载体，查询、了解、搜集特定的信息资料对于科学研究具有举足轻重的意义，并在研究活动中占用相当的时间和精力。在当今信息量激增，信息载体形式多样化的发展趋势下，信息资料的含义和范围也在日益延伸和扩大，这给我们查询和搜集资料既带来了方便，也带来了困难。

无论是为课题研究寻找答案，还是为学术论文写作积累资料，都涉及怎样运用科学的方法进行课题查询和怎样搜集和运用资料的问题。掌握信息检索的知识，特别是运用现代化的技术手段，利用丰富的数字化的信息资源，借助有效的资料检索方法，便可以以最少的时间和精力获得最有用的资料，起到事半功倍的效果。具体地说，能够有效地利用现有的资源，熟悉各种检索方法和重要工具，进而具备检索信息、评估信息、组织信息及运用信息的能力。同时依照学术论文的格式撰写报告，是大学生进行独立学习及研究的重要能力与信息素养。

（二）论文资料的搜集

搜集积累资料是写论文的基础。资料的类型包括两大类：一类是直接的、原始的，是有关研究对象的数据、事实甚至是活材料；另一类是间接的，前人或同行对研究对象的论述，是第二手资料。

原始的资料是我们研究的主要来源和依据，如科学实验的数据、经济商业指数等，这些资料在搜集过程中，最应该注意的就是客观性。

同时，间接的资料也是很重要的。我们可以从他人的研究中受到启发，还可以引用一些经过考证的事实资料作为旁证，或者从他人的论点中找出漏洞加以批驳，树立自己的观点。在搜集旁人的论述时，要充分利用发表的图书、论文、报告。

（三）总结

当我们利用数据库、数字化期刊和其他资源找到一些信息之后，可以看到有的可以直接获得全文，有的只有二次文献线索，还需要据此查找到原始文献。但必须认清这样的事实，即并非所有资料都适合你的研究课题，并非所有找寻的资料都是可信的。因此有必要对所找寻的资料加以科学地分析、比较、归纳和综合研究，进行去粗取精，去伪存真的工作，以决定是否符合你的研究需要，从中筛选出可供学术论文参考的材料。

检索与搜集资料一定要有必要的知识和技能上的储备，其中包括学科专业知识，也包括对图书馆资源的认知及用现代化的检索手段搜集资料的技能。在做课题查询的时候，要注意：对同一个检索课题的查询可以有不同的途径，要多做尝试。有的时候可能不能直接达到检索目标，要采用迂回的方式，逐渐逼近答案。

三、科技查新

科技查新是伴随我国科技发展过程中而产生的，这项工作是国家对科技研究与科研成果实施科学化管理的重大改革措施，为了公正、公平、准确地评价科研课题和科技成果，借鉴专利查新的经验，20世纪80年代末，开始对科研成果实行查新。为了加强对查新工作的管理，科技查新工作开始正式成为科技管理中的重要环节，也标志着我国科技查新工作步入正规化。

（一）查新的定义

科技查新工作作为新生事物产生以来，随着科技的发展和社会的变革，以及查新工作的不断深入，其定义也一直在不断地变化。科技情报查新工作是指通过检索手段，运用综合分析和对比方法，为科研立项、成果、专利发明等评价提供科学依据的情报咨询服务形式。

查新是科技查新的简称，是指查新机构根据查新委托人提供的需要查证其新颖性的科学技术内容，按照本规范操作，并做出结论。这里所提到的查新机构是指具有查新业务资质的信息咨询机构。

这是迄今为止，对科技查新工作下的最权威、全面的定义。由此可以看出，查新关键在于新颖性，所谓新颖性就是指查新委托日以前，查新项目的科学技术内容之部分或者全部是否在国内外出版物上公开发表过。

（二）科技查新的意义和作用

科技查新工作的服务范围包括：科研立项，成果鉴定、评估、验收、转化、奖励等。查新报告是作为上述工作的鉴定资料的一部分，由此可以看出，查新在我国的科学研究和技术开发过程中扮演着十分重要的角色。

1. 为科研提供立项的依据

立项是科研过程中至关重要的第一步，查新可以作为科研立项的前期工作。为立项是否恰当提供客观依据，可以表现在以下几个方面：有效避免低水平科研项目的重复，节省人力、物力以及我国并不富裕的科研资金；有助于科研人员了解国内外相关研究领域和同类技术的现状，明确要建立的科研项目在论点、研究开发目标、技术路线、技术内容、技术指标等方面是否具有新颖性，并根据所掌握的情况调整、修订自己的研究和开发方向，保证科研开发在立项时就处于高起点、高水平，为获得科研经费提供有力的支持。

2. 为科研成果的处理提供依据

科技成果是科技工作者辛勤劳动的结果。查新可以使他们的劳动成果得到客观的确认，用文献检索的方法找出查新课题的新颖之处，给科研立项课题或科研成果体现独立、客观、公正的结论。

（三）科技查新与一般课题查询的异同

科技查新是为科技研究和开发提供信息服务。它与一般的课题查询的相同点在于：以文献信息资源为基础，根据用户的文献需求，运用各种检索手段，为用户提供相关信息。但两者之间又存在着很大差异，具体表现为：

1. 目的

一般检索只是用户利用检索工具查找与某项专题相关的文献记录的过程，只提供文献和原始资料，而科技查新是要作为鉴定资料为科研立项、科技成果鉴定、评估、验收、转化、奖励等提供客观依据，不但要对相关文献进行检索，还要对检索出的文献和数据的结果进行综合加工、分析，再与查新课题相比较，通过对比来判别查新项目的新颖性。

2. 标准

科技查新更强调文献检索的准确性，以查到密切相关文献为目的，只要出现一篇与查新课题内容相似、主要技术指标相近或优于查新课题的文献，即对查新课题构成否定作用，其他检索就不是很重要了，而文献检索则要注重于查全。

3. 时限

一般文献检索没有特定的检索范围和时间限制，只需委托人提出要求即可，对于查新，一般应从查新委托之日起前推 10 年，但也可根据不同的学科特点和技术产品、工艺和专利的成熟程度，缩短和延长检索年限。

4. 查新责任

一般检索向用户提供检索到的文献信息即可,检索人员没有什么法律责任可言,而科技查新报告作为科技鉴定资料,查新人员要对查新结论所产生的一切后果负相应的法律责任。

(四) 科技查新与专家鉴定

科技查新作为科技鉴定的资料与专家评审有相同之处,但也不同于专家评审。专家评审是专家根据自身对专业知识的掌握和实践经验,从主观上对评审对象做出结论,而查新是信息工作人员对已出版的文献信息进行有针对性的检索,并将检索结果进行综合分析,从而判别查新项目的新颖性,同时也为专家的评审从文献方面提供客观的事实依据,使科技评价更加公平、公正。

第六章 数字图书馆安全管理

第一节 数字图书馆网络安全管理

一、影响数字图书馆网络安全的因素

在网络环境下，数字图书馆的网络数据库都对读者开放，在网上传输、网上查询，与其他行业一样具有许多不安全因素。而且，数字图书馆的各种数据一旦被损坏，损失就相当惨重。数字图书馆的书目数据库是馆藏的代表，是读者查阅图书的通道，是工作人员进行内部管理和开展各项服务的工具，建库的工作量大，需要投入大量的人力和物力，若遭病毒感染，恢复困难较大。数字图书馆自建和引进的数据库，是数字图书馆开展网上服务的信息宝库，是数字图书馆创收的来源，若遭破坏，将造成经济损失。由此可见，在网络环境下数字图书馆数据安全问题尤为重要。

那么，要保证图书馆网络的安全，就要对其进行分析，找出其不安全因素，才能有针对性地采取措施，进行有效的防范。其不安全因素主要来自以下几个方面。

（一）在通信中数字图书馆网络的不安全因素

1. 网络自身的不安全因素

计算机网络本身就存在着安全漏洞。例如，Internet系统所依赖的TCP/IP协议本身就存在安全缺陷，路由器、Anonymous FTP、Telnet、口令文件等都存在安全隐患。因此，Internet网只能保证信息的无差错传输，对信息本身的真实性无法保证。

2. 非法入侵的不安全因素

入侵者利用网络传输中的缺陷，采用一些非法手段，如：利用搭线、电磁泄漏窃听；使用先进的网络分析设备对网络上传输的数据进行监听；使用先进网络探查工具软件（如sniffer）窃取合法用户的登记过程（如用户名和口令字），假冒该合法用户访问网络资源；

劫夺（接管）某个合法用户与某个网络资源建立的连接，访问到其无权访问的信息；用非法操作获取或篡改信息。

（二）软件方面的不安全因素

网络技术的普遍使用也为计算机病毒的传播提供了新的媒介，数据被破坏的隐患越来越大。在一些盗版软件中，往往含有致命的病毒，若不小心使用了这样的软件，有可能在特定的条件下，它所携带的病毒会将网络中的数据吞噬得一干二净。

（三）计算机硬件引起的不安全因素

计算机部件的磨损也会导致数据的丢失。如：计算机中的硬盘和硬盘驱动器，是计算机存储的关键部件，也是较易损的部件，这是由硬盘本身的工作原理所决定的。

（四）环境不安全因素

除了上述因素之外，还有环境因素威胁着网络的安全，如地震、火灾、雷电、风灾、水灾等，温湿度冲击、空气洁净度变坏、掉电、停电或静电等工作环境因素的影响。

二、解决网络安全问题的应用对策

数字图书馆的网络安全问题是不容忽视的客观问题，正视问题，迎难而上才能从根本上解决问题，针对网络安全技术的具体模式去寻找解决网络安全问题的相应对策不失为明智之举。图书馆应采用各种安全技术和管理措施，使网络系统正常运行，从而确保包括图书馆自动化系统数据库和网络资源在内的数据的可用性、完整性和准确性。在具体的技术模式上，常见的信息安全技术分为以下几种。

（一）密码技术

密码技术是信息安全的核心和关键所在。它包括密码编码（密码算法设计）、密码分析（密码破译）、认证、鉴别、数字签名、密钥管理和密钥托管技术。身份识别和认证过程是数字图书馆网络系统防止非法入侵的第一道屏障。任何一个计算机网络应用系统为保证其安全性都要提供身份验证和口令设置，这是最基本，也是最有效的安全策略。传统的认证方式是通过判定用户名和用户口令或密码来认证的，其他形式认证方式有指纹识别、知识卡等。

（二）信息伪装技术

信息伪装技术又称为信息隐藏技术。它是将机密资料隐藏于一般的非机密文件中，然后再通过网络进行传递，由于看起来与一般的非机密资料没什么两样，很容易逃过拦截者的破解。信息伪装的主要技术和方法有电子水印技术、纹理影射方法等。

三、数字化图书馆网络安全的保障措施

建立数字图书馆网络安全保护措施的目的是确保经过网络传输和交换的数据不会发生增加、修改、丢失和泄漏等，从而为各类用户提供安全可靠的网络资源，更好地发挥网络的优势，使馆藏资源可以不受时间、空间的限制，图书馆建设才能真正朝着数字化的方向迈进。为确保网络安全，可从网络层、系统层和应用层三方面着手采取防护措施。

（一）网络层的安全防护

网络层的安全保护首先是对网关的防护，通过设置边界防火墙达到访问控制、状态包检测、集中式管理、网关入侵检测和报警、网络地址转化（NAT）、流量审核日志等作用。其次是对内网网络层的防护。内网网络层防护由网络入侵监测系统和内网防火墙来共同完成。在检测到入侵行为或异常行为后，网络入侵监测系统的控制台就会实时显示，并根据预先定义的事件响应规则报警，同时将报警信息写入日志，以备审计核查。第三是对主机的防护。主机防护由主机防火墙和主机入侵检测产品完成。安装在被保护主机的操作系统上，并嵌入操作系统的核心层。

（二）系统层的安全防护

要使用漏洞扫描技术，定期扫描操作系统和数据库系统的安全漏洞与错误配置，尽早采取补救措施，避免各种损失。同时应加强口令的使用，及时给系统打补丁。还要增强访问控制管理，包括对文件的访问控制除提供读、写、执行权限以及建立、搜索、删除、更改和控制等权限；对计算机进程提供安全保护，防止非法用户启动或制止关键进程；控制对网络和端口的访问。最后，应注意对病毒的防范和提供对重要的数据库服务器和Web服务器的专门保护。

（三）应用层的安全保护

应用层的安全保护是指安全管理。加强对用户的安全管理十分重要，应制定健全的安

全管理体制、构建安全管理平台、增强用户的安全防范意识等，提高全体工作人员的网络安全意识。

第二节　数字图书馆信息安全管理

一、数字图书馆信息安全理论研究

随着数字图书馆信息量的增多、数字化资源管理和服务的深化，数字图书馆带给人们信息共享服务的同时，其安全问题也凸显出来，如数据丢失、信息泄密、系统瘫痪、网络堵塞等，严重影响着数字图书馆建设与发展。作为信息系统，信息是数字图书馆的支柱。信息安全是数字图书馆正常运行发展的关键，也是其顺利提供服务的保证。另外，信息安全还是保护数字图书馆相关各方权益的需要。信息安全问题伴随着数字图书馆建设和发展的始终，并有加重之势，所以如何保障数字图书馆信息安全已成为数字图书馆建设和发展的核心问题之一。

随着信息安全意识的提高及信息安全需求的落实，积极为各领域构建信息安全保障体系将成为信息安全产业必然和不可扭转的趋势。

信息安全有狭义与广义之分，狭义的信息安全专指信息本身的安全问题，包括对信息系统中所加工存储、网络中所传递的数据的泄漏、仿冒、篡改以及抵赖过程所涉及的安全问题，也称为"数据安全"。

我们所要讨论的信息安全设定在广义层次上，采用国际化标准组织 ISO 对信息安全提出的建设定义："为数据处理系统建立和采取的技术和管理的安全保护，保护计算机硬件、软件数据不因偶然的和恶意的原因而遭到破坏、更改和泄漏。"

由此可见，信息安全问题应该是系统概念、综合性的课题，涉及立法、技术、管理等诸多的方面。

（一）信息安全的层次性

从信息安全的作用层面上来看，比较公认的有三个层面。

1. 物理安全层

保证计算机设备、网络通信设备及各种媒体硬件自身的安全，就是信息系统硬件的稳定性运行，它是数字图书馆正常运行所必需的物质基础。

2. 软件安全层

保证计算机与网络设备运行过程中系统的安全，包括操作系统、应用程序系统和数据库系统的稳定性运行，它是数字图书馆安全的核心部分。

3. 数据安全层

对信息系统中所加工存储、网络中所传递的数据的泄漏、仿冒、篡改以及抵赖过程所涉及的安全问题，这些数据包括了元数据、对象数据和基本的用户数据。

（二）信息安全的需求

1. 保密性

保密性即确保数据的机密性，保证机密信息不被窃听，或窃听者不能了解信息的真实含义，防止未授权的访问即便被捕获也不会被解析。这是信息安全最重要的，也是最基本的要求，具体地讲，就是系统能否保证有价值的重要信息对己方的高可用性和对敌方的不可用性，同时可对信息的来源进行判断，能对伪造来源的信息予以鉴别。换句话说，保密性就是对抗对手的被动攻击，保证信息不被泄漏给未经授权的人。

2. 完整性

完整性指信息在存储、传输和使用过程中保持不被修改、不被破坏和不丢失。换句话说，完整性就是对抗对手主动攻击，防止信息被未经授权者篡改。保证信息的完整性是信息安全的基本要求，而破坏信息的完整性，则是对信息安全发动进攻的目的之一。

3. 可靠性

可靠性是指对信息完整性的依赖程度，也就是对信息安全系统的信赖程度。

4. 可用性

可用性是指保障信息无论在何时、经过何种处理，当需要时能存取所需信息，即保证信息系统确实为授权使用者所用，防止由于计算机病毒或其他人为因素造成系统的拒绝使用。另外，可用性还包括具有在某种不正常条件下继续运行的能力。

5. 可控性

可控性即授权机构对信息及信息系统实施安全监控，对信息内容及传播具有控制能力，可以控制授权访问内的信息流向及方向。

6. 不可否认性

确保参与方无法否认自己对数据的特定操作，即建立有效的责任机制，防止用户否认其行为。

数字图书馆安全保障的最终目的是要达到数字图书馆信息处理和传输过程中的保密性、完整性、可靠性、可用性、可控性和不否认性。

二、数字图书馆信息安全策略

安全策略描述的是组织为保护信息系统要实现的安全目标，以及实现这些安全目标所运用的手段、采用的途径，保护对象的安全优先级等方面的内容。安全策略制定的目的在于减少信息安全事故的发生，将信息安全事故的影响与损失降到最低。

（一）信息安全策略的构成

信息安全策略包括信息安全内容等级、目标、任务和限制四个主要部分，其中安全内容等级描述保护对象的安全优先级，目标描述的是未来的安全状态，任务定义的是与信息安全有关的活动，限制定义了在执行任务所规定的活动时为保证信息安全必须遵守的规则。

（二）信息安全策略的特征

1. 现实可行性

衡量信息安全策略的尺度首先就是现实可行性，信息安全策略既要求符合现实业务状态，又要能包容未来一段时间内的业务发展要求。

2. 指导性

信息安全策略不是技术解决方案，尽管它对制定信息安全解决方案有指导作用，信息安全策略只是一个组织描述保证信息安全途径的指导性文件，对整个组织的信息安全工作提供全局性指导。

3. 原则性

信息安全策略不涉及具体细节，只需要指出要完成的目标，并不涉及具体做什么和怎么做。

4. 可审核性

信息安全策略是可以被审核的，即能够对组织内各部门遵守信息安全的情况进行审核和评价。

5. 非技术性

信息安全策略的描述语言应该是非技术性的。

6. 动态性

信息安全是动态变化的，信息安全策略也需要不断动态变化、不断发展，信息安全策略应注意其运用的期限，避免因时间理解错误而造成混乱。

7. 文档化

信息安全策略应该有清晰和完全的文档描述。

（三）数字图书馆信息安全策略等级

1. 数字图书馆主要信息内容

大多数数字图书馆都包括了以下几个方面的信息内容。

（1）图书馆概况

主要介绍图书馆的基本情况，如图书馆简介、历史沿革、馆长致辞、行政工作、馆藏分布、图书馆风采、部门指南等内容，其目的是使广大读者对该图书馆有基本的了解和认识。

（2）馆藏信息查询

馆藏信息查询包括中文图书目录查询、外文图书目录查询、中文期刊目录查询、外文期刊目录查询、特种文献目录查询、专题文献目录查询、联机公共书目查询、个人借阅情况查询等。其目的是为读者提供查询检索服务。

（3）读者服务

读者服务主要为读者提供各类实用信息，目的是帮助读者更好地利用图书馆提供的各种信息资源和服务。具体包括联系方式、开放时间、图书馆规则、读者信息检索、科技查新、电子邮件、热门图书、视听服务、文献传递、新书报道等。

（4）读者园地

这是图书馆与读者以及读者之间相互沟通的网上空间。读者可以在此发表自己对图书馆的看法和建议，可以提出一些疑难问题以寻求帮助，甚至可以推荐一些好书、好作品，大家可以相互交流学习心得等；图书馆可以借此进行读者需求分析并帮助解决读者遇到的实际问题，加强图书馆与读者的联系，提高图书馆的服务质量等。

（5）读者培训

其目的是帮助读者更好地利用图书馆网站上的数据库资源，查找所需要的信息。培训内容包括电子资源检索和利用、应用软件使用指南等。

（6）网络导航

目的在于帮助读者更加有效地开发和利用广阔的网络资源。图书馆网站通过导航服务引导读者直接利用其链接的优秀网站，以最便利的方式获取所需要的信息。图书馆网站的导航内容主要包括国内上网图书馆、电子期刊、搜索引擎及全球图书馆服务等。

（7）图书馆动态

图书馆动态主要发布馆内新闻、图书馆公告、重点科研项目进展、出版发行及展览等方面的最新信息。

2. 数字图书馆信息内容等级划分

内容分级为的是明确信息面临的风险程度，从而确定数字图书馆受损害的程度，据此确定保护的级别，确立其各自的安全需求。只有明确其信息需求，才能有针对性地构建安全体系，有效地保证信息安全。

（1）划分依据

数字图书馆管理人员应根据信息内容对用户的重要性和数字图书馆系统对其的依赖性确认关键信息，进行分级。例如文献资料信息是提供服务的支柱，有些用户隐私问题是非常敏感的，数据库光盘承载的信息是数字图书馆服务正常开展的必要条件，这些信息相对价值较大，比较容易受到侵害，是信息安全保护的重点，应处于保护的最高级别。

根据国家秘密的密级划分，并结合数字图书馆信息自身的特点，将其划分为"核心级""内部级""公开级"三类。

（2）数字图书馆信息内容三级划分

核心级：该级别的信息是整个图书馆网站对外服务的核心，价值级别在三者中"最高"而且一旦遭到破坏或恶意篡改，可能造成整个图书馆网站对外服务的中止。因此，对这类信息的安全防护也是最为严密的，一般需要拥有最高权限的领导或极少数高级管理员才能对其相关信息进行修改或使用。这种类型的信息主要包括网站管理员密码、收费电子资源的管理与使用、读者个人资料与基本信息、借阅类型、借阅史、押金情况等。

内部级：该级别的信息主要是为了实现对重点馆藏的长期保存而数字化的文献。由于该类文献为馆藏精品，故其信息价值级别"较高"，破坏或泄漏后造成的危害程度"严重"，因此只有拥有一定权限的图书馆工作人员才可以进行访问和使用，普通的读者没有权限进行访问。这种类型的信息主要包括数字化的国家级重点文献，独家馆藏的重点文献、孤本、善本等。

公开级：该级别的信息主要是图书馆对外宣传的内容，其信息重要程度的级别属于

"一般"，破坏后造成的危害"小或可以忽略"，普通的读者都可以随意进行访问。这种类型的信息主要包括图书馆概况、图书馆动态、馆藏信息、图书查询、读者服务、书刊外借信息、读者园地、网络导航等。

数字图书馆的信息安全保障应达到实时保护"核心级"内容不遭到破坏或篡改，定时检测确保"内部级"的信息不遭到泄漏，在发现"公开级"信息遭到篡改或破坏后能够及时地进行修复。

（四）数字图书馆信息安全的限制

1. 平衡信息共享和信息限制的原则

数字图书馆信息服务的目标就是最大限度进行信息共享，发挥信息的作用。而数据库的保密性和可用性之间存在着冲突，如为了提高数字图书馆信息的保密性要对其中的信息进行加密，而要访问经过加密的信息，访问效率会降低。因此针对具体应用，需要妥善解决保密性和可用性之间的矛盾，平衡信息共享和限制的关系。

2. 重点保护和经济效益原则

要保证数字图书馆的信息安全，需要在软、硬件以及时间精力上大量投入，保护越周密，投入越大。因此，图书馆应在安全内容分类的基础上，确定保护的重点，将主要的人力、物力、财力放到重点保护对象上，避免不合理的成本支出。

3. 实时性和高效性原则

信息安全建设中应采用高处理能力的安全产品与技术，摒弃简单堆砌的做法，合理集成信息产品、信息技术以达到最优组合，真正保证实时性和高效性。

4. 规范化建设原则

当前存在着很多与信息安全相关的法律法规，图书馆在制定信息安全策略时，应参考现行的法律、标准、规范。一方面这可以为数字图书馆信息安全提供指导和借鉴，另一方面也避免这些规定违反法律、法规而失去效力。

5. 整体保障原则

信息安全符合木桶原理，即系统中最薄弱的环节决定了整个系统的安全性，从而体现出弱优先规律。信息安全涉及的是管理与技术的不同层面，任何层面的安全因素都不能偏废，必须同步整体发展，注重发现并解决信息安全的薄弱环节，形成整体的信息安全保障体系，以防止信息安全的问题因某个局部薄弱环节的存在而降低其系统整体的安全能力。

6. 持续改进原则

随着技术的不断进步，各种病毒和攻击手段也会不断地更新。现在看来比较安全的防护体系，在未来可能漏洞百出。因此信息安全是一个永恒的话题，需要不断地对数字图书馆的信息安全进行审核评估，持续地改进安全系统。

7. 充分保护投资原则

安全建设应充分考虑到保护投资的原则，确保随着将来业务的发展，可以通过平滑扩展的方式，充分利用已部署的安全产品，最大限度地利用网络的相关投资。

（五）信息安全的任务

信息安全的任务应该包括实现信息安全目标所运用的手段、采用的途径。拟构建以财力、物力、人力资源作为支撑，以技术体系和管理体系为主体保障，以标准、法律规章为依据，全面、细致考虑每种因素与每个环节，从综合的角度出发，构建体系化的数字图书馆信息安全保障模型。

三、数字图书馆信息安全技术体系

由于数字图书馆所面对的存储对象和技术领域远远超出了传统图书馆所涉及的范围，其安全需要大量的技术突破作为支撑。国外较为成熟的安全技术有密码理论技术、安全协议理论与技术、信息对抗理论与技术。我国在密码学领域的研究以及反病毒、防火墙和入侵检测等安全产品的研究与开发方面已经较为成熟，这些技术理论为解决数字图书馆信息的安全问题提供了一定的支撑和依据。

从国际上来看，在将传统安全技术应用于数字图书馆方面已经取得进展。我国的数字图书馆也开始逐渐地采用一些国外的先进安全技术来解决其安全问题，但大多只是针对几种安全威胁，很少针对数字图书馆的特定情况进行有效的二次开发。因此，对于更多的安全问题力不从心。

我们从技术角度来考虑保障因素，并通过综合集成、二次开发等手段来构成建立在技术层面的信息安全保障体系。

（一）数字图书馆信息安全技术层次划分

信息安全作用的三个层面即物理安全层、软件安全层、数据安全层对应于技术体系的实体安全技术、运行安全技术、数据安全技术。数字图书馆的信息安全问题在物理安全、运行安全、数据安全不同层面上表现不一。针对不同的安全需求，应采用相关技术，建设配套的信息安全应用设施。

数字图书馆信息安全的层级需求与支持技术：

1. 实体安全

实体安全是数字图书馆网络正常运行的物质基础。围绕网络与信息系统的物理装备的安全，包括各类计算机设备和网络通信设备以及硬盘和 CD-ROM 的安全。主要涉及信息及信息系统的电磁辐射、抗恶劣工作环境等方面的问题。面对的威胁主要有自然灾害、电磁泄漏、通信干扰等；主要的保护技术有数据和系统备份、电磁屏蔽、抗干扰、容错等。

2. 运行安全

围绕网络与信息系统的运行过程和运行状态的安全。包括操作系统、数据库系统和应用系统三大部分操作系统。主要涉及信息系统的正常运行与有效的访问控制等方面的问题；面对的威胁包括网络攻击、网络病毒、网络阻塞、系统安全漏洞利用等。主要的保护技术有访问控制、病毒防治、应急响应、风险分析、漏洞扫描、入侵检测、系统加固、安全审计等。

3. 数据安全

围绕着数据（信息）的生成、处理、传输、存储等环节中的安全。主要包括：元数据、对象数据和用户数据等，涉及数据的泄密、破坏、伪造、否认等方面的问题。面对的威胁主要包括对数据的窃取、篡改、冒充、抵赖、破译、越权访问等。主要的保护技术有加密、认证、访问控制、鉴别、签名等。

（二）数字图书馆信息安全关键技术介绍

1. 防护技术

防护技术主要包括认证、访问控制和内容安全等方面。防护技术可以增加攻击者入侵所花费的时间、成本和所需要资源，以降低系统被攻击的危险，达到安全防护的目的。

（1）数字签名技术

数字签名指附加在数据单元上的一些数据，或是对数据单元所作的密码变换，这种数据或变换允许数据单元的接受者用以确认数据单元来源和数据单元的完整性，并保护数据，防止被人伪造。数字签名是解决网络通信中特有安全问题的有效方法。

（2）防火墙技术

防火墙在某种意义上可以说是一种访问控制产品。它在内部网络与不安全的外部网络之间设置障碍，阻止外界对内部资源的非法访问，防止内部对外部的不安全访问。它是不同网络或网络安全域之间信息的唯一出入口，能控制出入网络的信息流且本身具有较强的抗攻击能力。防火墙能够较为有效地防止黑客利用不安全的服务对内部网络的攻击，并且能够实现数据流的监控、过滤、记录和报告功能，较好地隔断内部网络与外部网络的连接。

(3) 防病毒技术

防病毒技术主要包括计算机病毒预警技术、已知病毒与未知病毒识别技术、病毒动态滤杀技术等。通过对计算机病毒的识别、预警以及防治能力，形成基于网络的多层防范、集中管理的病毒防治体系，以防范对图书资源的各种破坏。

(4) 信息过滤技术

信息过滤一般分为基于内容的过滤和合作过滤。内容过滤一般是针对网上不良信息进行阻断，主要包括基于 URL 的站点过滤技术、基于内容关键字的过滤技术、基于 URL 内容关键字的过滤技术、基于图像识别的过滤技术、智能过滤技术和几种技术结合的组合过滤技术。

网络内容过滤产品的研发起步非常早，已形成几家主流产品，国外已经有较系统的不良信息分类研究和完善的不良站点列表数据库。

2. 检测技术

由于信息系统的复杂性，安全防护技术只能做到尽量阻止攻击企图的得逞，或者延缓这个过程，系统漏洞的存在在所难免，检测技术的引入就是用来弥补漏洞的存在。

(1) 入侵检测技术

入侵检测是主动保护网络和系统安全的技术，从计算机系统或网络中采集、分析数据，察看网络或主机系统中是否有违反安全策略的行为和遭到攻击的迹象并采取适当的相应措施阻断攻击，降低可能的损失，它能提供对内部攻击、外部攻击和误操作的保护。

(2) 内容审计技术

内容审计主要指对与安全有关的活动的相关信息进行识别、记录、存储和分析；审计结果用于检查网络上发生了哪些与安全有关的活动。它通过记录用户访问的所有资源和所有访问过程，实现对网络的动态实时监控，为用户事后取证提供手段。网络内容审计技术一般以旁路方式捕获受控网段内的数据流，通过协议分析、模式匹配等技术手段对网络数据流进行审计，并对非法流量进行监控和取证。通常采用多级分布式体系结构，并提供数据检索功能和智能化统计分析能力，对部分非法网络行为可进行重放演示。

3. 应急响应技术

百密必有一疏，多方面的防护与检测也会出现小的漏洞，这些小的漏洞对信息的安全却会带来不可忽视的危害，因此就需要及时地补漏。应急响应技术包括控制阻断技术和隔离技术。

控制阻断技术从阻断依据上分为基于 IP 地址的阻断和基于内容的阻断，从实现方式上分为软件阻断和硬件阻断，从阻断方法上分为数据包重定向和数据包丢弃。对识别出的非法信息内容，一般将阻止或中断用户对其访问，其中成功率和实时性是重要指标。控制阻断技术已成功用于垃圾邮件剔除、涉密内容过滤、著作权盗用的取证等，并有成熟产品出现。

4. 备份恢复技术

备份是保证数据安全的最后一道防线，数据备份是将系统全部或部分数据集合从应用主机的硬盘或阵列复制到其他的存储介质的过程。备份可以选择全备份、增量备份、差分备份。

恢复措施在整个备份中占有相当重要的地位，它关系到系统软件与数据在经历灾难后能否快速、准确恢复。全盘恢复一般应用在服务器发生意外灾难，导致数据全部丢失、系统崩溃或是有计划的系统升级、系统重组等情况，也称为系统恢复。

（三）数字图书馆信息安全技术整合与集成

技术是解决信息安全问题的基本要素之一。各种技术产品的简单堆砌或单独使用是无法全面确保数字图书馆安全性的。为此，提出了将各种技术整合，使各种技术相互补充、相互作用，从而建设数字图书馆的信息安全应用系统，达到技术最优组合、实现其效用最大化，真正从技术因素上提高信息安全的系数。

1. 信息安全防御应用系统

鉴于互联网的开放性，对自身的信息与信息系统进行必要的防护，事先采取各种技术措施对潜在的威胁进行预防。建设防御系统，可以在不同的层面来保障信息安全。通过整合加密技术、冗余机制、安全评估技术、信息过滤等技术，保证信息的机密性、完整性不被破坏，确定信息系统所面临的风险，限制有害信息不能任意在网络空间中任意漫延，通过建设 PKI/PMI/KMI 信任体系的基础设施来保证网络空间中的身份的真实性。

上述种种技术的集合，使信息系统形成防范、抵御各种已知的、针对信息与信息系统威胁的能力，以防范、抵御针对信息与信息系统安全属性的威胁，这种保护能力必须根据具体情况进行动态和持续的更新。

2. 信息安全监控系统

在开放的网络空间环境中，即便有了很好的防御能力，也必须考虑到未能防御成功的威胁情况。因此需要采取手段及时发现对信息系统潜在的或事实上的攻击。建设信息安全监控系统，可以在不同的层面来保障信息安全的六个属性。通过整合审计技术、检测技术、身份认证技术、数字签名技术来对网络进行动态实时监控，从而及时发现各种威胁，如蠕虫的大范围扩散而破坏可用性的现象、伪造身份而破坏真实性的企图和网页内容篡改行为。

上述种种措施的集合，形成针对各类潜在与未知威胁的发现能力，以发现针对信息与信息系统安全属性的各类威胁。

3. 应急响应系统

采取各种技术手段与措施，使信息系统针对所出现的各种突发事件，具备及时响应、处置信息系统所遭受的攻击，恢复信息系统基本服务的能力。

网络空间中针对信息系统的攻击存在不可预见及不可抗拒的可能。安全事件的发现能力，为事件的发生提供了告警能力。因此，最重要措施就是建立应急响应体系，以便在事件出现时能够及时响应，针对攻击事件进行有效处置以防止事态的进一步恶化，面对所出现的损失确保恢复，从而将损失降低到最低限度。

通过整合权限控制技术、阻断技术，重发机制、黑名单的方式来以保障系统的机密性、可控性，信息传递的完整性，将破坏真实性的用户排除在信息系统的合法使用集合之外。上述种种措施的集成，形成针对所处理的安全事件的应急能力，以及时响应、处置信息与信息系统安全属性所面对的威胁。

4. 备份恢复系统

备份措施相当于为信息系统买保险，通过建立最小灾难备份系统来保证信息系统在受到灾难性攻击时的基本可用性。

第三节 数字图书馆知识产权保护

一、数字化图书馆保护知识产权的重大意义

(一) 保护知识产权，对人们从事科技研究和文艺创作具有积极的调动性

知识产权保护制度致力于保护权利人在科技和文化领域的智力成果。只有对权利人的

智力成果及其合法权利给予及时全面的保护，才能从根本上调动起人们的创造主动性，促进社会资源的优化配置。

（二）保护知识产权，从企业的经济效益来看也具有很大的利益，可以有效增强经济实力

知识产权的专有性决定了企业只有拥有自主知识产权，才能在市场上立于不败之地。如今有越来越多的企业意识到技术、品牌、商业秘密等无形财产对企业所造成的巨大作用，而如何让这些无形资产逐步增值，有赖于对知识产权的合理保护。

（三）保护知识产权，有利于促进对外贸易，引进外商和外资投资

自从我国加入世界贸易组织，就开始履行保护国内外自然、法人或者其他组织的知识产权。试想，如果没有知识产权的保护，我国就不能参与世界贸易活动，可见保护知识产权的意义重大。

二、数字图书馆涉及的知识产权特点

以资源数字化、传递网络化、信息共享化为特征的数字图书馆强烈地影响着传统图书馆的未来发展方向。在发展的过程中，如何保护自己的权益不受或少受侵犯，如何保证不对他人的知识产权产生侵犯，是数字图书馆面临的新问题。

知识产权是通过人的智力活动所创造的精神财富，也就是智力劳动成果所享有的一定权利。我国将知识产权确认为基本民事权利之一，将其归纳为著作权（版权）、专利权、发明权、商标权、发现权和其他科技成果权六种类型。数字图书馆的知识产权问题主要是针对著作权进行的研究。对于知识产权方面，从法律上认清图书馆馆藏数字化与网络传播行为的法律意义是非常重要的。

（一）数字化行为的法律性质

在法律界对数字化的法律性质有着多种不同的看法。专家们一致认为数字化是技术上的转换，不具有版权法意义上的原创性，所以说数字化行为是可以进行复制的行为。在确定了馆藏数字化行为的法律性质以后，图书馆在发展与运行方面就可以根据法律的相关规定，有的放矢地开展馆藏数字化转换工作。

（二）数字化作品网络传输的法律性质

图书馆将馆藏进行数字化的目的不仅是为保存版本的需要，更主要的是为了将其上网

为用户提供信息服务。但将版权作品上网传播涉及著作权人对其作品在网上传播是否享有专有权的问题。我国明确规定，受著作权法保护的作品，包括著作权法第三条规定的各类作品的数字化形式。著作权法对著作权各项权利的规定均适用于数字化作品的著作权。将作品通过网络向公众进行传播共享，属于著作权法规定的使用作品的方式，著作权人享有以该种方式使用或者许可他人使用作品，并由此获得报酬的权利。由此可知，将全文数字化的馆藏上传至互联网并提供借阅与下载服务，应当获得著作权人的许可。

（三）数字图书馆管理中涉及的侵权行为

数字图书馆涉及的知识产权其保护的范围包括：对图书馆本身权益的保护与对著作权人知识产权的尊重。数字图书馆管理中涉及对他人的侵权行为主要有两种，即规避技术措施和修改权利管理信息。规避技术措施，是指未经版权所有者授权而对已编码的作品进行解码，对加密的作品进行解密，或以其他方式回避、越过、排除、化解或削弱技术措施。这些都说明我们在数字图书馆的管理中，会面临诸如盗版、解密等规避技术措施的法律责任风险。而修改权利管理信息主要包括未经权利人许可，对其进行删除、改变权利管理信息。在数字图书馆管理中，要加强对权利管理信息的保护，防止因权利管理信息而引发的侵权纠纷。

三、数字图书馆知识产权保护措施

学术界在对数字图书馆知识产权保护的研究中，有的赞成强化保护，有的支持弱化保护。其中，赞成强化保护版权人利益的观点是：数字图书馆不能适用传统图书馆领域的版权限制和例外制度，否则所有权利人的利益都将受到前所未有的损害。而相反的观点认为：数字图书馆也应作为公益组织而享受版权责任豁免，版权制度要为之网开一面，否则互联网为人类带来的福祉将无法兑现，科技事业、文化史的发展都将受到限制。实际上对于数字图书馆而言既不能过于强化版权保护，也不能弱化甚至漠视版权保护，换而言之，应该采用适度保护的原则。秉承此原则，我们不妨采取以下措施对数字图书馆中的知识产权予以保护。

（一）完善相关的知识产权法规

在网络和信息时代高速发展的情势下，我国的知识产权制度无论是理论研究还是立法实践都已跟不上时代的步伐，无法满足数字图书馆的知识产权保护的需要。因此，我们的首要任务是要制定或完善相关的法律法规，针对数字图书馆运行中出现的知识产权新问题，在法律上予以明确。这样，可以使得数字图书馆知识产权保护真正有法可依、有法可循。此外，在进行数字图书馆知识产权立法时，还要参照国际惯例，借鉴他国的成功经验，加强学习交流，完善网络环境下知识产权的相关法规。

鉴于我国关于数字图书馆版权保护的实际情况，不妨在将来的知识产权立法中建立"版权补偿金制度"。国家版权保护中心等权威机构可以首先定期对一定区域内的数字图书馆的作品利用情况进行调研，根据作品被使用的种类、使用次数、使用时间、使用方法等方面制定出合理的收费标准，提出可行的立法建议。在充分调研论证的基础上，应该针对图书馆的公益性主体性质，对于非盈利性数字图书馆，应由政府承担补偿金的支付，确保其发展不受经济束缚，而对于盈利性数字图书馆，则由其自身支付，国家可酌情给予一定的费用补助。版权集体管理组织负责收取和分配补偿金，由国家版权保护中心进行监督检查。

此外，要立法建立版权集体管理机制。版权集体管理在现代版权制度体系中占有举足轻重的地位。由于集体管理组织既要保障权利人的利益，又要维护公共利益，因此被认为是在权利人与社会公众之间的利益平衡支点的最恰当的选择。

（二）采取有效的技术保护措施

数字图书馆是随着网络环境下先进技术的产生而产生的，其中的知识产权问题也是由于日新月异的技术手段引起的，因此要有效地解决数字图书馆知识产权问题，除了制定完善的法律法规外，还需要采取更有效的技术防范手段。

从国内外的经验来看，我们可以采取以下技术措施。

1. 权限设置

这是大多数数字图书馆都经常采用的办法。它是通过输入口令，合法的用户可以访问相关网站、网页的内容，非法的用户则不能；或者对 IP 地址进行限定，规定某些 IP 地址用户可以访问相应的网站或数据库，如高校图书馆的数据库就是这样设置的。

2. 客户认证技术（CA）

用户通过版权控制机构申请获得客户认证技术证书，如果该用户利用客户认证技术进行非法复制，客户认证技术机构将在计算机范畴外进行调查和起诉，同时可设置自动计费软件，将信息使用费自动计入使用者在该系统的网站中设置的账户里。

3. VPN 技术

VPN 技术采用了鉴别、访问控制、保密性、完整性的措施防止信息丢失、篡改和非法复制，能够大大提高数字图书馆信息的安全性和共享性。

4. 数据加密技术

为了加强信息的保密性、完整性和安全检查性，也就是信息的防伪与防窃取，有必要对数据进行加密。其原理就是将信息格式转化为密文，然后传输或存储密文，当需要时再重新转化为明文，是保护数字图书馆知识产权的常用手段之一。它可以作为保护数字图书馆知识产权的常用手段。

5. 数字水印技术

该技术是用信号处理方法在数字化的多媒体信息中嵌入隐蔽的标记，这种标记通常是不可见的，只有通过专用的检测器或阅读器才能提取。使用数字水印技术将作者姓名、创作时间、作品使用条件和要求等权利管理信息嵌入数字作品中，由于数字水印具有几乎不可破译性，因此，偷换水印、去除水印的难度非常大，从而使作者的精神权利和经济利益得到了保障。一旦该数字信息被复制，该水印会在其中央明显地显示版本信息，要想正常阅读复制数字信息，用户只能向数字图书馆的拥有者申请合法使用。

6. 数字指纹技术

数字指纹技术是利用数字作品中普遍存在的冗余数据与随机性，向被分发的每一份软件、图像或者其他数据拷贝中引入一定的误差，使得该拷贝中的误差跟踪到不诚实者的一种数字作品版权保护技术。该技术具有隐形性、稳健性、确定性、数据拷贝、数据量大、抗合谋攻击能力等特点。

7. 智能代理技术

智能代理可以帮助数字图书馆和用户搜寻互联网上的各种资源库，可以进行信息筛选和过滤，杜绝大量无用或不相关的信息流向用户，能够确认与用户需求相关的信息是否可以利用，并判断需要满足哪些条件，从而起到保护知识产权的作用。

（三）图书馆要加强法律意识，强化人才队伍建设

由于图书馆经常是作品的"最后购买人"及其知识产权侵犯的"防火墙"，为了避免侵权风险，图书馆界要强化自身意识，不可只为自己发展而置著作权人的利益于不顾，要及时采取措施，制定政策、提出对策。比如，通过与电子书籍和数据库商签订相关协议，在进行数字化资源传输时就可以避免需要出版商的许可，从而解决了相应的产权问题。另外，图书馆界还要加强法律意识。除了积极参与知识产权法的修订工作，还要随时关注国内外相关法律信息。依法履行自己的职责，维护他人合法利益，依法支付版权使用费，并

对用户进行宣传教育，使图书馆的建设、信息资源的传播、用户的信息检索均在合理合法的框架内。

图书馆法律人才队伍建设，也是数字图书馆知识产权保护的有效手段。数字图书馆的管理人才不仅要精通图书馆管理知识，还应熟悉计算机网络技术，也要懂得知识产权等法律，才能适应数字化时代的发展和需要。只有掌握了相关的知识产权法律知识（如著作权的保护期限、地域和范围，合理使用和法定许可的范围，以及侵犯著作权应承担的法律责任等），他们才能敏锐地分析和处理知识产权的相关问题，从而避免侵权行为的发生。因此，图书馆界要建立一支既精通图书馆业务知识，又熟悉网络知识和懂得法律知识的骨干队伍，让他们在数字图书馆知识产权保护的法规制定过程中，积极参与到知识产权法律的提案、立法和修律活动中，促进相关法律的出台与完善。同时，作为超越法律法规的软约束，图书馆界还要加强信息伦理教育，在信息开发、信息传播、信息的管理和利用等方面，自觉接受一定的伦理要求和伦理准则的约束。只有这样，图书馆界才能建设一支集图书管理、网络技术、法律知识于一身的人才队伍来，这不仅是数字图书馆知识产权保护的重要基础和保障，也是数字图书馆美好未来的发展基石。

四、我国对知识产权的保护可以实施以下几种手段

（一）行政保护

我国对知识产权的行政保护，是知识产权保护的"双轨制"的一种体现。我国的行政保护，是指国家行政机关对当事人某些比较严重违反知识产权法律的行为予以行政处罚，以及对某些知识产权向权利人予以授权等的行政行为。从发达国家来看，对知识产权的保护，主要通过司法途径保护。

（二）司法保护

对知识产权的司法保护，是指对知识产权通过司法途径进行保护，即由享有知识产权的权利人或国家公诉人向法院对侵权人提起刑事、民事诉讼，以追究侵权人的刑事、民事法律责任，以及通过不服知识产权行政机关处罚的当事人向法院提起行政诉讼，进行对行政执法的司法审查，以支持正确的行政处罚或纠正错误的处罚，使各方当事人的合法权益都得到切实的保护。其保护的范围包括对专利、商标、著作权（版权）、邻接权以及防止不正当竞争权等涉及人类智力成果的一切无形财产的财产权和人身权的保护。对知识产权的司法保护是知识产权保护的关键一环，是最重要的知识产权法律实施活动，主要通过人

民法院民事、刑事、行政三大诉讼途径来实现的。

(三) 知识产权集体管理组织保护

可以通过知识产权集体管理组织来保护知识产权。集体管理组织是知识产权创造者或其他权利人自身权利予以保护的社会组织。我国的音乐著作权协会就是知识产权集体管理组织的一种。最高人民法院已经承认音乐著作权协会与成员间的信托法律关系，该组织可以其名义作为原告为其成员进行诉讼；可以自行处理涉及维护他们自身权益的事务以及发挥服务于社会的功能性作用，如完成收转作品等权利使用费、授权许可和转让、进行侵权交涉等许多事务。

(四) 技术保护

通过技术手段对知识产权进行保护。这是指利用技术措施或手段对知识产权保护对象所进行的技术层面上的保护。在以计算机软件为代表的著作权领域以及网络信息领域中越来越被权利人所重视。为了对付未经授权地使用其计算机程序和其他作品或进入其网络，采用了加密或使用密码等技术手段进行保护。

(五) 自我救济

这是指知识产权的权利人或其他利害关系人所进行的自我救济。知识产权的权利人的自我救济范围很广，在主张权利阶段，包括向侵权人提出警告、交涉，各类请求权的行使等等。虽然我国的公司、企业有的设有专门从事知识产权保护的法律事务部门，但从整体上看所占的比例不是太多。从总体层面上说，我国的企业不如发达国家的公司、企业重视自身知识产权的保护。发达国家的公司、企业大都设有专门从事知识产权保护的法律事务部门，并制定了一系列如何保护自己知识产权的具体措施和手段，同时他们还制定了一些在开展业务中如何避免侵犯他人知识产权等具体的措施和手段。

第七章 数字图书馆服务人员管理创新

第一节 数字图书馆人力资源信息素养

一、人力资源

人力资源,即数字图书馆的专业人员、管理人员及其后续储备人才,是建设数字图书馆的关键,传统图书馆时代的工作人员的工作基本模式是人与书的结合,或者说是以书为媒介与读者的结合,也就是人与人的结合,而数字图书馆时代图书馆员工作的基本模式是人与计算机的结合,也就是"人机结合",工作人员得通过计算机和计算机通信网络来获取或提供信息服务。

因此,数字时代图书馆员既要有扎实的传统图书馆学知识,又要兼备计算机技术、网络技术、通信技术知识,并要通晓知识产权(版权)保护和网络安全维护知识,即是通才、复合型的人才。

二、人力资源信息素养概念与培养标准的界定

以计算机技术和网络技术为核心的现代信息技术改变了图书馆工作的传统方式,使图书馆的现代化发展进入了新的时期。由于数字时代的到来,人类对信息的贮存、传递、获取的能力和条件得到了空前的提高,同时信息的重要性也受到了从未有过的重视。多种信息技术的发展给图书馆带来了巨大变革,特别是在计算机技术不断进步的网络时代,我国在建设数字图书馆的同时,也为图书馆的数字化改造、信息化发展和网络化管理做好人力资源的准备。素养是指一个人在禀赋的基础上,经过社会环境和教育的影响,获得完善的较稳定且经常起作用的基本品质成分,信息素养是指通过学校教育和自我教育所形成的个体在信息的获取、分析、处理、发布和应用等方面的教养和修养,完整的信息素养包括三个层面,即知识层面的信息知识、意识层面的信息意识、技术层面的信息技能。

信息素养概念由国外引入，国内学者结合自己的见解对这一概念做出了各种解释，信息素养的含义现在国内外尚无统一标准，从技术的角度，人们把计算机作为现代智能工具来使用，从教育的角度，要通过计算机知识的学习和应用，培养信息素养，认为信息意识、信息知识、信息能力三个方面提出信息素养的标准。

这些标准的讨论，由于存在着不同时间、不同空间、不同人等多个纬度的差异，因此对信息素养的描述差异也较大，对信息素养的可单一角度的描述都会带上人与时空交汇的烙印，也都有其不可忽视的积极意义和不可避免的局限性，因此，网络环境下的信息素养是应该具有整体性，信息素养应该是一个动态变化的概念，具有发展性，信息素养表现在人的不同方面，应该具有层次性，这就要求全方位地建设网络环境下的信息素养培养策略，使其具有整体性、发展性和层次性。

三、信息素养培养策略

在信息素养培养标准的分析过程中，如果从技术角度看，信息素养应定位在信息处理；如果从心理学角度看，信息素养应定位在信息问题解决；如果从社会学角度看，信息素养应定位在信息交流；如果从文化学角度看，信息素养应定位在信息文化的多重建构能力，如何提高图书馆人力资源信息素养已经成为数字图书馆发展中最突出的焦点问题。

(一) 理解图书馆人力资源信息素养培养的理念

教育在培育民族创新精神和培养创造性人才方面，肩负着特殊的使命。图书馆集信息资源、信息检索、信息网络、信息人才和信息教学等多方面优势于一体，理应成为信息素质教育的主要承担者和重要场所。充分利用资源优势、人才优势和环境优势，以丰富多彩的形式对图书馆人力资源进行信息素养教育，这也应该成为图书馆今后的工作重点之一。

1. 人力资源信息素养的培养取决于图书馆工作的创新与发展

图书馆应该以培养具有较高人力资源信息素养的员工为己任。因此，在做好图书馆信息资源建设和信息服务的同时还应该把培养人力资源的信息素养作为工作中的重点。图书馆工作的创新与发展决定着培养人才的质量，图书馆的工作思路以及工作模式对创新人才的培养有着其他环节不可替代的影响。

2. 人力资源信息素养的培养取决于图书馆工作质量

信息时代的图书馆员不再是单纯的文献信息的"二传手"，而是信息素养教育的"启蒙老师"，信息世界遨游的"导航员"。图书馆员是从事信息的识别、收集、分析综合以及评价等工作的，因此，图书馆员首先要提高自身的信息素养，这包括计算机应用能力，外语能力，一定的专业知识，以及自我学习的能力。教授用户在"信息海洋"中遨游的"游泳"术，即制定正确的检索策略，找到正确的方法和解决问题的切入点，以便使用户能够在今后的终身学习和创新活动中受益。

（二）改革图书馆人力资源信息素养的教育模式和方法

培养创新型人才是一项系统工程，图书馆是信息的集散地，是信息素养教育的重要实验场所，因而，图书馆人力资源信息素养的教育在培养创新型人才过程中起着至关重要的作用。

1. 图书馆人力资源信息素养的教育模式

图书馆人力资源信息素养的教育首先应该在学校的统一规划下联合各相关单位建立一套行之有效的教学理念、方法和评价体系。其次应该将信息素养教育渗透到每一个环节，渗透到每一次细微的信息服务中去。

2. 图书馆信息素养教育的方法

第一，为每一个图书馆的员工上好信息素养教育的第一课，应该讲"怎样利用图书馆"，在信息时代应该将其内容拓展为"怎样利用信息资源"。

第二，教会图书馆人力资源最大限度地利用互联网。信息技术如此发达的今天，互联网给我们提供了更加丰富和广阔的信息资源空间。应该明白，除了图书馆之外，还有多种获取知识的途径。如学会有效地利用搜索引擎、学会有效地利用专业数据库。让图书馆人员能够了解各学科信息的类别与类型；了解各学科常用的信息源与检索策略；能够对各学科文献的内容做出有效的评价；能够对各学科文献中举出的证据、例子的有效性做出判断等。

第三，在信息服务和信息咨询的工作中培养读者的信息素养。

（三）建立科学地培养图书馆人力资源信息素养的管理机制

当前图书馆的人才资源开发工作，关键是要建立科学的管理机制，把传统的人事管理调整到整体性人才资源开发上来，合理配置人才资源。图书馆人力资源的管理既需要人性的管理，更需要一种制度化的管理即理性的管理。

1. 建立竞争机制

建立竞争机制是在市场经济条件下对人才任用的本质的要求。通过公开、公平竞争，择优选拔人才，使能者上、庸者让、混者下。人才是在竞争中逐步成长起来的，真金不怕火炼，有真才实学的人才是不怕竞争的。因此，建立竞争机制，可以使一些平时工作埋头苦干、有真才实学的人才脱颖而出，受到重用；可以在图书馆形成比、学、赶、帮、超的竞争局面，促使图书馆早出人才和成果，充分发挥各类人才的积极性和创造性，开创图书馆工作的新局面。

2. 建立激励机制

建立科学的激励机制对于强化人的竞争意识、效率意识、信息意识、法治意识和独立自主意识，全面提高人的素质具有十分显著的作用。在图书馆鼓励什么，抑制什么，这是一种价值导向，也是一种心理导向和行为导向。奖勤罚懒、奖优罚劣是推行激励机制的一种必不可少的手段。图书馆对馆员的激励应采用物质激励与精神激励相结合的方法。科学的激励机制就是要充分体现按劳取酬、多劳多得的原则，形成利益机制和自我发展机制。

我们要研究"情商"，开发人的潜能，相信科学家们如下的论断：对人一生事业影响最大的是情商而不是智商。因此，我们要激发图书馆员工的光荣感、自豪感，要开展各种形式的业务竞赛，表扬和奖励勇于创新、取得成果的人，形成你追我赶的风气。

（四）设置图书馆人力资源信息素养的继续教育目标

管理心理学的目标设置理论认为，达到目标是一种强有力的激励，是完成工作最直接的动机，也是提高激励水平的重要途径。图书馆人力资源素养培养的目标可以分为阶段性目标、具体的局部目标等，只要注意个人的目标和群体目标的一致性，就能使每一个人清晰地意识到自己的发展方向，既可激发自己努力做好本职工作，又可满足一种成就感和体现自我价值的心理需求。对已经取得大专以上文凭的人员，根据需要再定向选修图书馆学专业的课程或定向选修某学科的主要课程，这样有利于改变图书馆员单一的知识结构。需要明确指出的是，新世纪的人才，应把计算机知识和外语作为两门必修课。图书馆的人员掌握计算机知识，精通或较为熟悉一两门外语。

（五）营造图书馆人力资源信息素养的成长环境

分配富有挑战性的工作，可避免使人安于现状；提供脱产进修的机会，能使人掌握系统的知识；鼓励出成果（包括著书立说、发表论文），能使个人的才智转变为社会财富，并增强一个人的成就感；建立良好的意见沟通渠道，可以使人在工作中获得多方面的情报信息，以利调整自己的行为；融洽人际关系、营造集体团结合作的氛围，有利于保持良好的工作情绪和最佳的智力状态。

在为图书馆人力资源施展才能提供条件时，需要特别指出的是，对于他们应实施定向培养的方针，让每个人在定向之前最好能到各个业务部门去实践，不妨时间长一些，以考察他们的表现、了解他们的专长，然后将他们放在能发挥个人专长的工作岗位上。过去客观上因人手少，没有注意定向培养，也无法严格定向，如要成为专才，则必须重视这个问题。一个人的兴趣和价值决定其行为的方向，而抱负水准则决定其行为达到什么程度。要帮助每个员工根据自己的特长选定个人成才的方向和目标，并检查督导实现。要相信人可以随着外加的要求而调整自己的眼光和目标，压力可以变成动力。可以用人员目标管理法将全馆总目标同个人成才目标结合起来，通过个人目标的实现达成全馆的管理目标。

古语说得好"工欲善其事，必先利其器"，图书馆人员必定具有扎实的信息素养基础，图书馆和图书馆员应该为培养创新人才信息素养做出积极的努力和贡献。图书馆只有与时俱进，高度重视图书馆人力资源的信息素养培养，在图书馆的采购、分类、编目、流通、咨询、辅导等工作中，提高图书馆人力资源信息素养除具备传统图书馆的业务技能外还应熟练掌握外语、计算机等网络应用技术，还要使他们逐步具有网络管理、网络导航、网络咨询等方面的知识和技能，起到导航员作用，以适应图书馆发展的需要，为向数字图书馆迈进打下坚实的基础。

四、数字图书馆对馆员信息素养的要求

从数字图书馆的前述五大特点中，我们可以看出时代需要新型图书馆员，数字图书馆对图书馆员的信息素质提出了具体的、更高的要求。

（一）良好的信息伦理道德

在当前形势下，因特网上的信息纷繁复杂，浩瀚无边，信息污染相当严重。因此，图书馆员应树立正确的政治方向，具有科学的世界观和政治分辨能力，这样才能把握正确的方向，抵制信息垃圾。

（二）扎实的业务能力

数字图书馆的知识共享化和虚拟化要求图书馆员业务素质一定要过硬，要有一定的外语知识、较好的语言表达能力和计算机操作技能。英文在网络技术使用的各种软件及其网络资源上占有相当大的比例。网上90%的信息资源是用英文表达的，要想及时跟踪获取先进国家的最新信息资料，首先要突破语言障碍，熟练掌握一门外语，特别是英语。没有丰富的英语知识做后盾，图书馆员在网上将寸步难行。同时，还应不断提高馆员的文字表达

能力。由于信息服务工作的特点,文字工作在图书馆工作中仍占主体地位,馆员除了负责过滤、筛选网上信息以外,还要用准确、清晰、简明的文字来撰写各种信息评价、摘要、专题报告、综述、学术论文等,以便使新成果、新见解得以及时交流与推广,进一步为广大用户提供高效的深层次服务。因此,馆员必须具备过硬的文字表达能力。数字时代图书馆员使用的主要工具是计算机,馆员必须具备运用计算机从浩如烟海的网上资源中查找用户的特定需求信息的能力,不仅会检索,还应会运用计算机对各种文献信息进行深加工,开发文献信息资源,为用户提供增值服务,建成各种光盘、软盘、数据库、信息库等,能驾驭整个网络系统,出现一般故障能排除,保证整个网络系统安全稳定运行。

(三)主动的服务意识

数字图书馆的网络化服务,要求图书馆员从观念上改变过去那种"等人来借书"的被动服务意识,要有主动为读者提供服务的意识。既主动了解社会上对信息需求的变化,利用图书馆藏书丰厚,信息量大,又具有资源共享的优势,可以有偿服务的方式为用户提供收集、整理所需要的专题信息的服务。这就需要图书馆员时刻关注社会对信息需求的变化,做出灵敏及时的反应,与有关单位建立长期的供给信息的关系,并主动上门服务,充分发挥信息导航员的作用,帮助用户在最短的时间内获得所需要的信息,使用户满意。

五、数字图书馆员信息素养的培养方式

信息技术的变革,数字图书馆的实现,推动着图书馆员的角色转换。尽管每个图书馆员的情况不尽相同,但只要图书馆员勇于面对变革的挑战,采取积极的态度,努力适应新形势,不断完善自我,就一定可以在新的信息环境下,在新的角色扮演中,一如既往地完成所肩负的信息服务的历史重任,服务于整个社会。可从以下几个方面来培养和提高图书馆员的信息素质:

(一)开展继续教育,改善知识结构

作为数字图书馆发展诸要素中的主体因素的图书馆员,对数字图书馆的建设和发展起着至关重要的主导作用。图书馆员的信息意识、知识结构、专业技能、服务理念等综合素质的高低,直接影响着数字图书馆事业的建设和发展。继续教育已成为图书馆员信息素质提高的重要手段,作为个人,凡是有条件接受高等院校继续教育的,都不应该放弃机会,如图书馆专业的大学本科生、专科生可以读研究生或出国进修,以及参加各种短期、中期进修班。而作为图书馆,应积极鼓励和提倡员工继续教育,为馆员的再学习提供良好的环

境和条件。就学习效果来说，脱产学习是继续教育的理想方式，但因客观原因的限制，常常实施难度大，但从图书馆长远发展角度看，每个图书馆都应当选拔优秀馆员攻读更高学位，以改善知识结构，从根本上提高数字图书馆员的信息素质。

（二）图书馆员的专项培训

专项培训应针对馆员的工作岗位特点进行重点培训。如读者服务部应对信息反馈、信息处理、网络搜索工具等方面进行培训，流通部门应加强对数据库管理、网络安全、公共关系学、心理学等方面的学习，做到整体培训和专项培训相结合。整体培训是指每个馆员都应参加的培训，普及性很高，如计算机的基础知识、网络技术基本知识、外语知识。专项培训班则针对于对某一方面知识水平要求较高的岗位。近年来，许多图书馆在这方面已做出了建设性的尝试，并取得了一定效果。

（三）采取岗位自学的形式

自学可以说陪伴人的一生，它是个人成才的一条重要途径。从图书馆的条件来说，在职自学是提高馆员信息素质的一种途径。图书馆员应认清形势，增加学习新知识、新技术的紧迫感，积极主动、锲而不舍地学习，在工作中不断积累经验，更快、更多地掌握信息知识，进一步为广大用户提供高效的深层次服务。

（四）在信息服务过程中，与研究相结合进一步提高馆员的信息素质

数字图书馆要求馆员能够对学科专业文献信息进行筛选、研究并撰写各种信息详介、摘要、专题报告、学术论文等，以便使新成果、新见解得到推广与交流，也为数字图书馆员拓展自我发展的天地提供了空间。因此，在信息服务过程中把自己的信息知识与学术研究有效地结合起来，是创新发展、提高自身素质的重要途径。

总之，数字图书馆是图书馆未来发展的必然趋势，图书馆员只有紧跟时代发展的步伐，加强学习，不断积累信息知识量，掌握新技术、新知识，才能履行好网络环境下数字图书馆馆员的新职责，扮演好信息中介人、信息顾问和网络专家的新角色，为用户提供数字化、网络化和个性化的服务，使数字图书馆的各项功能得以真正全面地实现。

第二节　新信息环境下图书馆人力资源管理创新

一、图书馆在新信息环境下的地位与作用

新信息环境下图书馆的地位正在发生变化，搜索引擎正在取代图书馆从前在知识交流链中的角色，成为连接出版发行商和信息用户的中介。新的知识供应链使得学者正在更多地依赖能更快速、更好地满足他们信息需求的搜索引擎，越来越多的人习惯于通过搜索引擎获取信息，而不再"麻烦"图书馆；一些出版商也开始寻找与搜索引擎提供商的合作，虽然新型知识发布交流模式还远没有定型，但传统图书馆已经开始越来越远离知识链的中心，被"边缘化"了，真正的挑战已经开始了。但同时，这个复杂的信息网络也给图书馆开辟了更为广阔的发展空间。特别是20世纪90年代末兴起的开放存取运动带来了新的学术知识出版和交流模式，也为图书馆伸张用户权利、发展公益服务提供了新的发展机遇：图书馆开始介入其供应链的上游领域——出版领域。显然为广大用户提供开放存取环境下的信息共享空间已经成为现代图书馆发展的必然趋势。

近现代图书馆一直将教育、学习和知识服务作为自己的基本职能，为所在社区提供了学习和获取信息的场所，图书馆已经被看作是知识交流的中心。新信息环境中，现代信息技术不仅带来了获取、传递和利用信息的便利，也给信息的消费者带来了新的更高的信息需求。未来的社会生活将越来越多地依靠知识社区，而图书馆必须抓住机遇，保证继续发挥社区文化学术中心的作用。图书馆界广泛参与建设的数字图书馆被认为是知识环境下社会分享信息和知识的主要方式，是知识社区的重要组成部分。虽然数字图书馆的生存基础和发展模式与传统图书馆有很大不同，但在网络空间中，数字信息的生产、存储、传递和获取与传统图书馆的职能是一致的。知识社区是一种更高层次的知识组织和交流形式，将图书馆建设为未来的知识社区中心，目的仍然是有效地组织各种信息，在实践中更加强调以用户的兴趣和需求为中心，打破原有的物理意义上的社区概念，形成动态的、发展的新型虚拟知识社区，更好地为用户服务。

二、新信息环境下图书馆员的角色定位

信息时代不仅仅是依赖于先进的计算机网络技术和丰富的文献信息资源，更重要的是通过具有信息理念、专业知识、检索技能、网络技术的图书馆员做大量而又细致的工作来

最终实现的。为此，图书馆员应发挥应有的作用，找准自己扮演的角色转换并准确地定位。新的信息环境下由于图书馆服务工作内容发生的变化，图书馆员将走出图书馆，真正融入用户信息环境并与之结合，彻底改变传统图书馆员的角色。从作为文献信息检索中间人，变为关注研究人员的信息搜寻者，在今天的数字化、网络化、信息化、知识化时代，图书馆员的核心能力必须重构，从文献服务和信息服务，转变为知识服务，这是今后对图书馆员能力的挑战。因此从现在起，就要有计划地对现有工作人员进行培训，使他们尽快掌握各类专业知识，熟悉国际互联网上的各项服务功能，便于科学处理信息、追踪前沿、综合分析，具有从某专业数据库中提取信息资源，并进行鉴别、选择，然后进行加工的能力，既有作出有关目录和电子文摘、数据文件等可视资料的水平，又能提供更快、更省事、更符合用户需要的增值服务。只有具备了这些能力，图书馆员才能够从过去传统的信息传递员转换成为现代知识的挖掘者，也才能对信息进行深度加工。充分揭示出隐藏在表面下的新问题、新趋向、新情况，提供给读者的信息才有相当的知识内涵，才能够针对不同的读者全方位、多角度灵活选择各种信息资源，帮助读者得到可以利用的信息资源，以满足用户的信息需求，确保用户决策的准确性。

三、图书馆人力资源管理的创新举措

（一）改革用人制度，实施人才租赁机制

解放思想，转变观念，改革图书馆用人制度。人才租赁对于高校图书馆来说还处于"萌芽"状态，没有被更多的人认识和理解，心存疑虑，延缓了人才租赁在图书馆中的发展进程。因此，首先要解决认识问题，要坚持市场经济理论。在认识上突破传统的人事管理模式的局限，这是深化人才租赁工作的认识基础。人才租赁人员虽未被编制，但他们与图书馆的正式员工一起工作，便是图书馆人员的组成部分，他们的积极性、创造性必然会影响到图书馆的全局工作。因此，应坚持以人为本，为他们提供良好的发展环境，激励他们立足岗位，做好工作。第一，被租赁人员本身易产生自卑心理，因此，在日常管理中，特别是劳动纪律、岗位培训、考核等方面，应与正式人员一视同仁，统一实施，不应产生歧视行为。第二，应为他们提供平等的晋升机会，允许他们参加高级专业技术职务和骨干岗位的竞聘，一旦被聘上岗则给予相应待遇，以激励他们立足岗位，作出成绩。第三，公正考核岗位工作业绩，并将其考核结果与岗位奖金的确定、续聘与终止合同挂钩，奖优罚劣，奖勤罚懒。第四，建立合理的薪酬增长机制等。总之，通过一系列管理措施的实施，达到在灵活的用人机制中求得人才的相对稳定的目的，使其"进得来、留得住、出得去"。

（二）倡导人本管理，健全岗位聘任考核和激励机制

在图书馆管理创新中，人不同于其他可以通过各种方法和制度加以管理和控制的资源课题，而是以独立意志性的主体存在的。我们应该彻底抛弃在图书馆管理现实中流于形式的"重视人""关心人"以及图书馆界对人本管理的传统观念，即做好人的思想工作以及比较模糊的激励机制。现阶段，图书馆管理的核心是如何创造性地发挥人的知识及其应用能力，最大限度地挖掘人的知识的生产、分配和使用。图书馆界完全有必要认真审视自己的管理理论、价值取向和图书馆事业发展宗旨，将馆员的知识再教育问题、人性化问题、调动馆员的积极性、主动性、创造性和推动人的全面发展等问题放在管理的首位。随着岗位聘任制度的建立，原有的终身制、"大锅饭"的弊端初步得到克服，但并未从根本上革除。比如，落聘人员的安排问题，大多数图书馆都没有得到很好解决。总之，建立和健全一整套科学合理公正的岗位聘任、考核制度和人才激励机制是图书馆人力资源管理的核心内容。

（三）优化人员结构，实行图书馆岗位迁移

新的信息环境下，图书馆工作人员的整体素质和知识结构面临着严峻的挑战。多年来图书馆工作人员的素质虽有很大提高，但也应看到对图书馆专业人才的重视还不够，专业队伍还存在着较严重的知识结构老化和学科结构失衡、掌握现代信息技术人才特别是计算机专业人才仍很缺乏等问题，难以适应图书馆发展的需要。努力培养既有深厚的图书馆学、信息学理论功底和实践经验，又有较高计算机应用技术水准和外语水平，能够科学管理图书馆的复合型人才是当务之急。新信息环境下图书馆要实行岗位迁移，将大量的图书馆员从资源采访加工、阵地服务中解脱出来，同时通过对外公开招聘，大量增加高素质的从事一线服务的图书馆员，以服务为核心配置人员队伍和力量。随着使用网络的用户日益增加，到馆读者逐渐减少，导致传统的采访、典藏、流通工作量减少，用户信息需求不断增加。图书馆开始突破围墙，跳出固定场所，主动接触用户，上门服务，摆脱了传统文献处理的限制，在信息的采集、加工、组织、控制、选择、传播过程中建立了辐射型的开放服务系统。从提供有限服务转化为面向公众用户，对用户开展个性化、多样化服务。如果图书馆的服务远离用户一线，不能主动地融入用户的日常过程中，用户也将远离图书馆。因此，图书馆必须将自己的服务阵地前移，不是在后台，而是走到用户的身边。

（四）开发人力资源，构建核心人才继任机制

一个图书馆要想获得大的发展，就必须非常重视核心人才，拥有防范核心人才流失危

机的能力。而建立核心人才继任机制是防范核心人才危机,提高图书馆核心竞争力的重要举措。核心人才继任机制的思路是:通过知识延续评估,找出本馆的核心竞争能力。培养核心人才的继任者,制定获得、转移核心知识的方法,真正实现对智力资本的掌控,降低核心员工流失的破坏性。核心人才继任机制的建立,将有助于实现核心员工独特能力从现任到继任的垂直转移。通过核心人才继任机制,图书馆不但留住了本馆的核心能力,也留住了本馆的核心人才。继任机制有助于将核心员工身上的核心知识技术、经验以及其他的专长沉淀在图书馆内部,通过知识管理和继任机制使图书馆的核心能力不再完全依赖某些核心员工,从而将核心人才危机造成的损失降到最低限度。核心人才继任机制还有助于培养图书馆后备骨干,稳住优秀的年轻人才,使这些年轻人才看到晋升的希望,鼓舞图书馆员工的士气,提升员工的忠诚度。核心人才继任机制在为关键岗位选择培养继任者的同时,也可以为图书馆其他的岗位发现人才、培养人才和储备人才。

(五)整合人力资源,提升图书馆核心竞争力

图书馆的文献信息资源、人力资源、业务技术能力和创新能力、优质服务、图书馆文化都应当是图书馆核心竞争力的有机组成部分。显然,图书馆核心竞争力的关键是人,是各类专门人才汇集的团队。人力资源是图书馆核心竞争力的基础,图书馆的核心竞争力只有通过人的学习和创造才能获得,所以馆员的能力、整体素质与知识结构是图书馆核心竞争力得以形成的关键因素。要把人力资源作为图书馆制定自身发展战略、增强自身竞争力的第一资源,作为图书馆发展战略的支撑点,要强调在图书馆管理中人所独有的创造性、能动性和人的潜力的无限性,变被动管理为主动管理。我们正处在知识经济时代,随着信息产业的发展,虚拟网络的形成,信息服务领域不可避免地面对竞争,其实力最终决定于各自的核心竞争力。因此,在这种形式下图书馆要积极探索如何提升各自的核心竞争力,如建立公平、公开、公正、竞争择优的开发性人才选择机制,加快高层次人才选拔、配置和使用力度,优先选拔各类高层次人才担任学科、学术和技术带头人、并为之配置科研和工作团队,切实加快专业技术人才尤其是高级专业技术人才队伍建设,使尊重知识、尊重人才不停留在口头上,而是尽快纳入法治化轨道,以便用法律和制度保证其顺利实施,使人才在实践中顺利成长,在创新性工作中脱颖而出,创造更大效益,全面提升高校图书馆的核心竞争力。

综上所述,新信息环境下图书馆面临着前所未有的挑战,人力资源管理对图书馆来说具有极其重要的战略意义,只有充分重视图书馆活动的"人",用以人为本的理念创新图书馆的服务与管理,才能促使图书馆事业得到快速、持久地发展。

第三节　数字图书馆人员绩效考核

一、绩效考核的含义

绩效考核具有悠久的历史，当今世界各国政府和企业对人员的绩效考核更是越来越重视。

绩效的含义非常广泛，对于绩效的理解没有简单的正确与错误之分。我们认为，从一般意义上来讲，绩效既包括了结论也包括了行为，也就是说不仅看你做了什么，也要看你是怎么做的，优秀的绩效，不仅取决于做事的结果，还取决于做这件事所拥有的行为或素质。即：结果（做什么）+行为（如何做）＝优秀绩效。

绩效考核就是按照事先确定好的标准，选择科学的考核方法，检查、考核、评定员工按其职务规定所应履行职责的具体完成情况，并以此确定其工作业绩的管理方法。

二、图书馆绩效考核的意义

（一）绩效管理有助于我们实现图书馆的业务目标

我们可以通过绩效管理将图书馆的整体业务目标分解到各个部门，再由各个部门按照一定程序分解到各个岗位的员工，也就是图书馆业务目标的实现是由每个馆员的目标的实现来支持的。对每个馆员进行有效的绩效管理就可以推动图书馆整个业务目标的实现。

（二）将绩效考核运用到工资体系、人员甄选上，有利于调动馆员的积极性

我们将绩效考核的结果与图书馆馆员的工资、奖金进行挂钩，真正实现多劳多得，干好、干坏不同酬，可以在一定程度上调动馆员的工作积极性。通过绩效考核对馆员的过去表现进行评估，对未来的目标进行重新设定，也可以将考核出来的优秀的员工作为图书馆后备力量，作为人才进行储备，对馆员也是潜在的鼓励。对于那些有深造要求的，可对考核优秀的馆员有获得进修及访问的机会，还可以将其考核结果应用到图书馆员所关注其他方面。

（三）绩效管理帮助图书馆完成培训开发和人力资源规划

在绩效考核后，相关部门往往需要根据被考核者的绩效现状，结合被考核者个人发展

愿望，与被考核者共同制订绩效改进计划和未来发展计划。人事部门则根据馆员绩效评价的结果和面谈结果，设计整体的培训开发计划。

（四）绩效考核有助于馆员行为的改善，能力素质的提升

在绩效考核中很重要的一个方面是对馆员的绩效评价，对馆员做得好的方面给予肯定，并指出存在的弱点和不足，辅以相应的奖惩措施，找出存在不足的原因，提出进一步完善的措施，达到馆员能力素质的提升。

三、图书馆实施人力资源绩效考核的具体方案

绩效考核是一个完整的系统，它包括绩效界定、绩效衡量以及绩效反馈等。借鉴国内外成功企业人力资源绩效管理的成熟经验，不断充实图书馆各岗位绩效考核的具体操作。这些操作涉及考核程序、考核标准、考核内容、考核方法以及考核结果的使用等方面。

（一）考核程序

1. 组建考核评委会

组建各级岗位绩效考核评委会（部室主任、直属馆领导、馆领导等组成），并对考核责任人进行培训。

2. 考核信息的收集、统计与分析

应使用合理的绩效考核表格，在考核期内，从多个不同的信息来源广泛采集绩效考核信息。

3. 严格按照要求确定考核等次

严格对照岗位目标与职责任务确定考核等次并以书面形式反馈给有关员工，并在一定期限内受理员工的异议和申诉。

4. 绩效考核逐级面谈，并建立考核档案

分管馆领导与员工面谈时应指出其优缺点和努力方向，提高员工对绩效考核结果的认可、接受程度和满意度，增强员工改进绩效的主动性和积极性。

（二）考核标准

绩效考核标准是说明按照什么尺度对工作的哪些方面进行评价。因此，标准的制定必须是基于工作而不是基于工作者，不能因做该项工作的人不同而设定不同的标准。制定标

准应在有效工作分析的基础上，明确各部门各类岗位特征及其特殊要求，并将图书馆期望员工具备的工作态度、工作行为和预期结果传递给他们，使其与图书馆的总体价值观和发展理念以及目标的战略方向保持高度一致。具体来说标准的要求如下：

1. 标准要公开并且最好得到员工认同

公开的目的是让每个员工都明白自身的工作要求是什么，以按照考核标准来指导、激励自己，提高工作绩效。而且，标准的制定应主动吸收各岗位员工尤其是技术性较强的岗位员工和流通阅览一线员工参与，增强他们对绩效考核的认同感。

2. 标准要尽量符合馆情，明确、具体并且是可度量的

在制定绩效考核标准时，要从实际出发，避免盲目攀高或降格，将各项工作能够量化的尽可能地量化，赋予合理的数值指标，所定的标准可转化为具体行为，从而可区分出图书馆每个员工岗位绩效的高低。

3. 标准要适度

考核标准的制定要切合实际。定得太高或太低，正如厂家生产的产品一样，质量标准并非越高越好，产品功能并非越全越好，关键在于标准要适应一定需要。制定的绩效标准既应有一定的压力，也应是在一定期限内经过相当努力可以达到的。

4. 标准要实现图书馆工作普遍性与特殊性的统一

绩效考核标准不仅要有图书馆职业共性的评价指标要求，而且要结合馆内各部门不同岗位、不同专业技术职务，确定不同的评价指标及权重。例如，对一般人员主要考核其完成工作的数量、质量、效益以及工作态度等；而对主管人员还要考核其部门目标的实现程度以及在计划、决策、指挥、激励、授权、培养人才、搞好梯队建设等方面的成绩。

（三）考核内容

绩效考核的主要内容包括以下几方面。

1. 图书馆全员自评

内容应与各类岗位职责和目标任务相一致，包括德、勤、能、绩四个方面，重点考核工作实绩，以履行岗位职责，完成年度和考核期目标任务的实绩作为考核的主要内容。

（1）德

包括是否参加政治学习，遵守校纪馆规，服从安排（能否接受临时性任务）情况，有无全局观念，是否讲公德，热心公益活动等。

(2）勤

侧重考核工作态度。涉及责任感、事业心、积极性、协作性、勤奋敬业精神和遵守劳动纪律情况等。主要包括迟到、早退、出勤率、脱岗、违纪违规率，工作态度、敬业精神，团结协作精神，业务技能，工作质量等。

（3）能

重在工作过程的考核，着眼于"干什么""如何去干"，强调运用理论知识和获取新知识的能力，工作效率，分析问题和解决问题的能力以及兼任管理工作的组织、协调、综合、决策能力。

（4）绩

绩的考核着眼于"干出了什么"，主要考核履行工作职责情况，完成工作任务的数量、质量、效率，取得成果的水平以及效益等等。包括学术水平（论著、课题、报告）和工作成效。

2. 对图书馆科级干部考评

（1）工作态度

工作态度包括把工作放在第一位，努力工作；对新工作表现出积极态度；忠于职守，严守岗位；对员工的过失勇于承担责任。

（2）业务工作

业务工作包括正确理解工作指标和方针，制订适当的实施计划；按照部下的能力、个性合理地分配工作；及时与有关部门进行必要的工作联系；在工作中始终保持协作态度，顺利推动工作。

（3）监督管理

监督管理包括在人事关系方面，部下没有不满或怨言；善于放手让部下去工作，鼓励他们乐于协作的精神；十分注意工作场所的安全卫生和整理整顿工作；妥善处理工作中的失败和临时性追加的工作任务。指导协调，包括主动努力改善工作和提高效率；积极训练、教育部下，提高其业务技能和素质；注意进行目标管理，使工作协调进行。

（4）审查报告

审查报告主要包括正确认识工作意义，努力取得好成绩；工作方法正确，时间与费用使用得合理有效；工作成绩达到预期目标或计划要求；工作总结准确真实，且有一定驾驭文字的能力。

3. 图书馆工作人员考评

（1）工作态度

工作态度包括严格遵守工作制度，有效利用时间；对新工作持积极态度；忠于职守，严守岗位；以协作精神工作，协助上级配合同事。

（2）受命准备

受命准备包括正确理解工作内容，制订适当的工作计划；不需上级的详细指示和指导；及时与同事及协作者取得联系，使工作顺利进行；迅速、恰当地处理工作中的失败及临时追加的任务。

（3）业务工作

业务工作包括以主人翁精神与同事同心协力努力工作；正确认识工作目的，正确处理业务；积极努力改善工作方法；不打乱工作秩序；不妨碍他人工作。

（4）工作效率

工作效率包括工作速度快，不误工期；业务处理得当，经常保持良好成绩；工作方法合理，时间和经费的使用十分有效；工作中没有半途而废、不了了之和造成后遗症的现象。

（5）工作成果

工作成果包括工作成果达到预期目的或计划要求；及时整理工作成果，为以后的工作创造条件；工作总结和汇报准确真实；工作中熟练程度和技能提高较快。

（四）考核方法

考核方法有多种，但无论采用何种方式，都应以事实为依据，注重实效，简便易行，易于操作。

1. 从考核对象上分，有个别考核与集体考核

绩效考核必须对照岗位职责和目标任务进行。既要对个人履行岗位职责情况进行考核，也要对部室进行业绩考核，甚至对高职称岗位人员要求作述职报告。通过对任务完成和目标执行情况的考核评估，使各部室与图书馆均能及时得到各种反映工作情况和工作业绩考核的数据信息，为管理者进一步决策提供依据。

2. 从考核时间上分，有平时考核与年终考核、定期考核与不定期考核

要特别注重平时考核，加大平时考核的监控力度，及时奖励先进鞭策后进，甚至还可在图书馆主页上实行考核公示制度。

3. 从考核信息获取渠道上分，有职工自评、互评、读者评价、专家评价、领导评价

多渠道的信息使得绩效考核更为准确可靠。绩效考核要摆正管理者与职工以及与其他服务对象的关系，理性分析职工和读者的反馈意见。

四、绩效考核结果的使用

根据人力资源管理的预期理论，推动人们努力工作的动机是由各种回报预期触发的。如果努力会带来成就，成就又会带来预期的回报，那么人们就会由此得到满足并被激励再次行动。职工的报酬与其所承担的职责、作出的贡献是相联系的。只要职工达到了考核标准，就说明他已完成了自己的职责，就应当给予他相应的报酬。施行全员、全方位的考核后，针对考核结果分成几个不同的等次，薪酬的分配也应与考核等次挂钩，考核与薪酬分配相结合，才能达到激励的目的，从而调动职工积极性。

（一）考核结果应具有权威性

考核结果是否正确、合理，其可信度如何，关系到职工岗位工作的成效。因此，考核结果要公开接受监督，避免人为因素，要建立一套申诉制度和程序，尽一切可能增强绩效考核的信度、效度和可接受性。

（二）考核结果应作为职工报酬的重要依据

考核结果应作为调配、培训、调资、职务升降、奖惩的重要依据要突出考核结果的权重，将职工报酬与之挂钩，体现多劳多得的原则，唯有如此才能留住和吸引优秀人才从事图书馆事业，维护图书馆行业的自信心。据了解，国外图书馆馆员在经过严格的考核后，便会享有相应的待遇，使其社会地位处于社会各行业的中上层，而国内高校图书馆馆员的地位始终处于低而不上的情况，这一点正是人员绩效考核等管理机制与薪酬分配脱节所致，在图书馆人事管理中，要做出公正合理的绩效考核结果，不仅需要选择一个适当的方式，按科学的程序来进行，考核的标准也要尽可能准确、明了，还要选择正确的考核方法和适当的考核时间，这样才能控制影响绩效考核的因素，分析产生误差的原因，以保证绩效考核做到恰如其分和公正合理。唯有管理工作做得好，图书馆工作才能适应信息时代的要求步入良性循环的轨道。

第四节 数字图书馆的团队组织

一、图书馆团队组织概述

团队建设是最有效的组织创新。为了适应当今经济、社会环境的变化,越来越多的组织已经由团队建设来代替原来的等级结构和正式系统,它在沟通与提高效率方面发挥了越来越重要的作用。

(一)图书馆团队组织概念

团队是指致力于共同目的和工作目标,具有互补性技能,彼此互相负责的工作群体。它与一般群体的区别在于,团队有共同的目标,其成员的行为相互依存相互影响,并且能很好地合作,以追求集体的成功。团队组织是以任务为导向的、开放的、有机的、弹性的组织模式。有机的、弹性的组织机构是指重视组织内部平行与横向协调,工作分配和个人职务具有弹性,组织成员具有整体系统观,个人对组织的影响力主要取决于其知识和能力,而非职务大小。图书馆团队组织是指图书馆主要依照信息组织和信息服务的活动范围,有机地建立能够整体协作、共同完成信息服务这一核心目标的、职能交叉的各种任务团队,这种以团队为基础而设计的组织是一个复合的网络化组织。

图书馆团队组织与传统职能部门化层级式组织结构的本质区别体现在组织目标的不同、决策权的转移、促进知识交流和创新的能力、协调机制的转变四个方面。知识管理以人为中心,以信息为基础,以知识创新为目标。我们设计团队组织,就是为了适应未来图书馆以提供知识服务为核心而非以馆藏管理为核心的组织目标,通过团队这种形式建立一种创新、交流、学习和应用知识、传播知识的环境与激励机制,让团队成员参与设计团队的全部工作并开展知识个体相互弥补的相关任务,决策权由馆领导独占转移到团队主导的自我管理和自我控制,馆领导的工作主要是指导、协调和创造支持性的组织环境,协调机制从上级层层协调转变到团队间、同事间的主动协调,改变以往部门间各自为阵、难以联系和协调的局面。

(二)图书馆团队组织的特点

图书馆团队组织与以往的组织模式相比较,具有这样显著的特点:整个组织只有一个中心，即用集体力量为用户提供集中的、满意的信息服务；项目团队间职能交叉、并行工作，形成复合的以任务为中心的网络化组织。因此，团队组织打破了传统以职能部门为基础的等级层次组织结构；以人为本的管理，以团队精神为凝聚力。强调组织成员之间的相互尊重、信任、合作、交流以及工作上的相互弥补，形成成员强烈的、积极的归属感和团队自豪感；组织管理上，以团队的自我指导、自我管理的民主管理为特征，摆脱了传统图书馆严密控制的管理方式；团队响应任务的灵活性。一个项目团队以适应服务任务的需要而增设、撤销或转向拓展新的任务领域。项目团队面向任务和过程，发挥协同优势迅速对用户需求作出响应；职位和岗位具有可变性。团队成员要求具有多项技能，因而，职位也依据是否具备指导团队工作的能力和是否适合新岗位的要求而变动。图书馆团队组织也存在其自身的冲突，这些冲突包括：团队成员存在教育、文化和社会观点的差异，可能导致彼此不能理解，直接影响团队力量的有效发挥；团队间的协作有一定的压力，团队间可能存在这样或那样的资源争夺；团队成员自我管理的能力具有差异性；团队会议可能因组织不善而达不到预期的效果。

指导团队解决冲突的有效管理方针有：允许人们选择加入最适合他们的要求的团队；提供一个共识和指导；成员选择工作和任务要求符合他们的目标和兴趣；激发理性上的理解、情绪感受、愿意冒险和创新的勇气；尽量避免并协调团队间发生资源的争夺；选拔适合的人才来引导团队的工作。

（三）图书馆团队组织的运作模式

图书馆团队组织的活力在于团队内部有效的运作模式。内部运作依据工作设想提出个体协作、取得授权、研究探讨、用户反映、调整或修改工作设想的循环方式来展开。团队成员在会议上相互交流、公开讨论不同的设想，从而把问题往深层次挖掘并得到创造性的解决办法。目标共识的形成使得团队成员有效的合作成为可能，在取得馆领导的授权和支持下，以不断研究和相互探讨的方式引导工作往深层次拓展。同时，引导用户参与工作，根据用户反映和用户需求变化调整或修改方案，并要求其他相关的任务团队做出及时的响应和转变。这种以服务目标为导向的动态模式赋予了团队适应用户需求变化的创新能力。

1. 实行团队管理可创建人性化的环境

实行团队管理可创建人性化的环境，满足图书馆员个性化的需求。随着社会的进步以及知识型员工的增加，人们需要满足各自的安全、地位以及自我实现等需求，人性需求表现的变化要求组织进行相应的变革。"团队"这种新型的组织形态正是为了适应这种环境而产生的。因此，在图书馆中实行团队管理，能够在馆员个性需求的满足方面取得令人满意的结果。

2. 实行团队管理可增强图书馆的适应性

传统的图书馆组织形式无法解决对环境迅速变化的适应性问题。现代图书馆在开展导读、定题服务及服务态度等方面大都不尽如人意，而在读者满意度成为图书馆工作效果关键指标的今天，图书馆必须在服务速度、服务内容、服务方式等方面做得更快、更个性化，这就要求图书馆与读者之间多点接触，而且每个触点都能对读者需求作出完整的反应，并给读者提供综合解决方案，这样的触点不可能是个人，也不可能是只具有单一功能的某一部门，必须是集各部门功能于一体的。围绕信息服务、信息产品开发等组建的项目或产品开发团队、服务团队都能大大增强图书馆的适应能力。

3. 实行团队管理可提高图书馆的工作绩效

在团队管理中，把一些决策权下放给团队，能使组织在作出决策方面具有更大的灵活性。团队成员对与工作相关的问题常常要比管理者知道得更多，并且离这些问题也更近。因此，相比以个体为基础的工作设计来说，采用团队形式，决策常常迅速得多。这表明，团队是一种高效机制，通过增强协作程度，能产生很强的核心能力，同样，由风格各异的个体组成的团队所作出的决策要比单个个体的决策更有创意，同时，团队的学习能力以及创新能力远远大于传统的组织形式，这种能力是现代图书馆在竞争激烈的市场环境中获取持续竞争优势的重要因素。

4. 实行团队管理可促进图书馆的转型

团队最重要的作用就在于它可以改变传统图书馆的运作基础以及运作方法，以满足读者对图书馆的要求。如今团队的重要作用已经得到了社会各界的认可，并逐渐开始广泛使用。因此我们相信，团队管理可最终改变传统图书馆运行的基础，并促进传统图书馆的转型。

5. 实行团队管理可协调图书馆的人际关系，创造团结精神

现代图书馆为了确定并实现发展新目标，以团队方式开展工作，并用一定的规范协调人们的行为和相互关系，形成一个有战斗力的健康团队，以完成社会赋予图书馆的任务，可促进图书馆员之间的合作并提高图书馆员的士气，同时，还可创造一种增加工作满意度的氛围。

6. 实行团队管理使图书馆管理层有时间进行战略性的思考

采用团队形式，尤其是自我管理工作团队形式，使管理者可以脱身去做更多的战略规划。当下作以个体为基础设计时，管理者往往要花去大量时间监督他们的下属和解决下属出现的问题,而很少有时间进行战略思考。运用工作团队,则能让管理者把精力转而主要集中在诸如图书馆长期发展计划的重大的问题上来。

二、图书馆团队建设的类型

(一)决策团队

决策团队通常可以涵盖不同阶层和不同部门的成员,也可以经过授权担负起管理其他团队的职责。其主要职责是指出组织所面临的最大问题和机会,发展组织的政策和方向,建立组织目标,形成组织计划和计划完成进度表,合理配置所需要的资源,监督计划的执行情况并进行考核,例如我们可以在图书馆高层管理者的基础上吸纳学校其他单位的成员组成一个决策团队以解决图书馆发展的外部环境和必要条件。

(二)自我管理团队

自我管理团队可以在从事书刊借阅的工作部门中组建,由其成员合作处理日常事务并对自己的整个工作流程负责。团队经过授权可以担负管理和领导责任,团队成员充分发扬民主,共同决策,并轮流担负起领导职责。团队成员接受多种技能的训练,以便工作岗位的交流和轮换。

(三)虚拟团队

虚拟团队是指以计算机网络为支撑,致力于建立有联系的、动态的、分散的综合体。虚拟团队打破了传统的界线,虽然团队成员来源分布广泛,但也能够充分获取各个渠道的知识和信息,沟通灵活迅速,从而获得成本、人才、信息、竞争和效率优势。例如在图书馆的图书采购中,可以组成由图书馆采购人员、供应商和读者组成的虚拟团队,以保证以最低成本采购到读者需要的多品种、高质量的图书资料。

(四)特殊任务团队

特殊任务团队是通过运用临时性解决问题小组来执行特殊任务,其成员通常来自不同的工作领域并相互间协调工作。团队的主要职责是通过调查研究、集思广益,厘清组织的问题、忧虑与机会并拟出策略计划。

三、图书馆实施团队管理的具体措施

（一）从非正式组织入手，培养员工协作精神

任何一个组织，在正式的组织结构之外，都会形成或大或小、或明显或隐蔽的非正式组织，因为非正式组织的形成非常自然，所以只要不危害正式组织的利益，领导者对其是不加干涉的，但非正式组织的存在却可以为馆长组建团队提供人群基础。在组建团队之初，团队成员需要一个互相熟悉和磨合的过程，在这期间，可能会有成员不适应团队组织，也可能会有团队之间的人员变动，这都是正常的现象。关键的问题是在团队磨合期，图书馆领导应尽力培养团队成员的协作精神，比如，搞一些有一定挑战性的任务，观察团队中每个人的角色，了解每个人的特点，以便在下一个任务时恰切地分配任务。

（二）合理授权

图书馆内部职责划分过细，每个人又都只在自己的职责范围内活动，很多问题都不能从全局的角度得到解决，团队授权为工作的安排开辟了新的思路。整个团队的所有成员都要对最后的结果负责。因此，团队成员之间要以最佳的方式来分配工作。团队授权要想获得成功，管理层就必须放弃对过程的控制，团队授权还要求团队成员之间要学会互相补位，这时员工在组织内部的事业发展道路就与在传统情况下有所不同。比如，组建图书馆信息服务团队，馆长应赋予其自主管理、自主制订计划、工作方法、人员配备等权力。

（三）建立适应团队的绩效评估与奖酬体系

传统的以个人导向为基础的评估与奖酬体系必须有所变革，才能充分、确切地衡量团队绩效。个人绩效评估、固定小时工资、个人激励等与高绩效团队的开发是不一致的。因此，除了根据个体的贡献进行评估和奖励之外，管理人员还应考虑以群体为基础进行绩效评估、利润分享、小群体激励及其他方面的变革，来强化团队的奋进精神。图书馆的奖酬体系应有所变革，以鼓励员工共同合作，而不是增强员工之间的竞争气氛，组织中的晋升、加薪和其他形式的认可，应该给予那些善于在团队中与其他成员合作共事的个人，这并不意味着忽视个人贡献，而是使那些对团队作出无私贡献的个人得到其应有的报酬。应该给予奖励的员工行为很多，如帮助指导新同事，与团队成员共享信息，帮助解决团队冲突，主动掌握那些团队需要的新技能等。

(四) 图书馆团队组织的领导

尽管团队组织的内部关系是人人平等的,但是却不能没有领导,团队需要决定的问题如:如何安排工作日程,需要开发什么技能,如何解决冲突,如何作出和修改决策,决定成员具体的工作任务,并使工作任务适应团队成员个人的技能水平。所有这些,都需要团队的领导发挥作用。团队领导的特点是建立信任并激发团队合作;辅导并支持团队作决策;开拓团队才能;建立团队认同感;充分利用成员差异;预知并影响变革。团队领导主要是促进团队健康成长,为成员创造表现机会,当成员需要帮助和支持时会全力帮助。

第五节 图书馆管理制度创新

一、学科馆员制度

参考咨询服务是图书馆信息服务的重中之重。深层次咨询服务的开展离不开图书馆员的参与,他是联系用户与服务产品关系的纽带。"学科馆员"制度的建立正是图书馆努力提高馆员服务水平和技能,贯彻全心全意为用户服务宗旨的一项新服务模式。因此,学科馆员制度的建立和发展有其必然性和重要意义。

(一) 学科馆员制度在我国的推行

学科馆员是对专门为某一专业领域用户提供综合性文献信息服务的图书馆员的称呼,而为此项服务采取的一系列规范措施,则称之为学科馆员制度。它不仅是一种新的服务模式,也是图书馆管理上的一种创新行为。有相当一部分图书馆尤其是高校图书馆都开始实行学科馆员制度。只是有些对"学科馆员"的称谓不是很一致,但有在制度中规范了学科馆员的素质要求和工作职责,采取多种措施,逐步改变图书馆工作缺乏专业要求的现状,改变图书馆人力资源建设中专业人员和非专业人员一般不加以区分的管理模式,通过一系列激励机制,促进馆员不断学习,不断进取。

(二) 学科馆员制度建立的必然性

1. 学科馆员制度的建立是图书馆进行服务创新的必然结果

知识经济的发展对复合图书馆信息服务的创新提出了历史性的要求。这不仅是因为用户的专业化、个性化需求越来越强烈，再加上信息服务市场的激烈竞争使图书馆不得不进行全方位的创新。参考咨询服务一直是图书馆信息服务中的重点，因此，在服务创新过程中要将参考咨询服务作为重要拓展项目，专业的数字参考咨询对服务馆员又提出了更新的要求，它要求服务馆员不仅要具有专业化的知识，还要有综合素质，能帮助用户找到解决问题的答案。而图书馆传统的参考馆员工作分工不是很明确，很难在专业方面深入，所以很有必要建立学科馆员制度，组织一批专业能力较强的图书馆员，深入各学科了解教学科研人员对专业文献信息的需求，有针对性地对学科专业文献信息进行收集整理，并加以分析研究，主动提供高水平、深层次服务。

2. 学科馆员制度的建立是图书馆人力资源建设的需要

图书馆人力资源建设和管理逐步向制度化和规模化方向发展，提倡人员队伍的年轻化、专业化和高学历化等，这不仅有利于我国文献信息事业的发展，也为学科馆员制度的建立打下了基础。反过来，学科馆员制度的建立也是图书馆人力资源建设和管理提供了很好的保障。不仅有利于提高图书馆人力资源的整体素质和综合服务能力，也有利于对馆员进行有效管理。当然并不是每个人都能胜任学科馆员的工作，它要求要有扎实的专业知识，健康的心理素质和积极主动的服务精神，这样才能形成与时俱进，不断学习、积极向上的良好氛围。同时还要注重多学科馆员的学科知识结构的合理组合，建立一支既有学科背景，又掌握现代信息技术，既熟悉文献资源建设开发，又擅长教学与服务的精干、高效的参考咨询队伍。并建立一套与之相应的学习制度、培养制度、考核制度、分配制度等来促进学科馆员不断学习，提高服务水平，从而提高图书馆的社会地位以及影响力。

3. 学科馆员制度的建立是图书馆发展的客观要求

在高等院校的评估过程中，图书馆的建设现状和发展规模是必评之一。很多院校都把"高水平综合性大学"作为一个办学目标，在内涵建设上下功夫，"以学科建设为龙头、以师资建设为基础、以质量建设为目标，提高办学的质量和效益"，然而，这些均离不开图书馆的支持，更需要学科馆员制度这种行之有效的深层信息服务。作为教学和科研的基础，可利用最新的现代信息传播手段和大量丰富的信息资源，尽可能地发挥图书馆在学科建设、师资建设、人才培养中的教书育人、服务育人、管理育人的作用。另一方面，学科馆员还可为重点学科、学科带头人等做好配套信息服务或知识服务，通过优质高效的服务来发挥学科馆员的优势，促进学科的建设和发展，从而促进高校的发展。高校的发展也相应会对图书馆的发展起到很好的推动作用。因此，实行学科馆员制度，不仅是高校发展的需要，也是图书馆发展的客观要求。

(三) 建立和完善学科馆员制度的措施

1. 转变观念，提高认识

从我国发展高等教育来看，一流的大学，要有一流的学科，一流的师资，一流的图书馆和一流的信息服务，所以图书馆领导应转变观念，站在发展的战略角度来认识学科馆员制度，要将其作为高校发展的配套措施来抓。也要让全馆工作人员认识到学科馆员制度的实施是图书馆员实现自身价值的需要，是专业需求的必由之路，是服务创新的必然结果。所以要确立建立学科馆员制度决心和信心，并将其真正付诸实践。同时在推行学科馆员制度时，还要引进企业界的营销观念，进入竞争机制，推进学科馆员制度的不断完善。

2. 明确责任，确定地位

学科馆员制度的建立首先要设置岗位，明确学科馆员的责任。学科馆员的主要职责有：深入对口院系，了解用户的信息需求，并为资源建设献计献策；熟悉专业文献资料，提供深层信息服务；服务专业用户培训，指导用户利用文献。在责任明确后就要确定学科馆员在图书馆资源建设和服务中的"龙头"地位，并赋予其一定的资源建设决定权和资金使用权，同时还要给其提供继续教育和培训的机会，使学科馆员不断更新知识，提高技能。学科馆员的工作复杂，有很强的专业性，所以在收入上也要提高，以实际工作的内容和知识含量为依据来进行酬劳分配，显示出专业人员比一般人员高收入，这样才能吸引人才，留住人才，才能将学科馆员制度真正落到实处。

3. 加强培养，提高素质

学科馆员的工作是一个极富挑战性的，所以对其综合素质的要求很高，而能达到其素质要求的馆员不是很多，所以要加强培养。一方面可从外部引进人才，通过提供优厚待遇，营造浓厚学术氛围等手段来做好人才引进工作。另一方面可从馆内选择一批既有图书情报理论基础，又有其他学科背景，业务素质高的馆员进行学习培训，实践锻炼，提升其业务技能。除此外，还要对学科馆员进行自信心和责任感的培养，要让其充分认识到自身价值只有在工作中才能体现，从而主动开展工作，去热爱学科馆员的工作。还要让其认识到作为图书馆与院系联系的桥梁，其提供的对口服务对教学科研有着很重要的作用，从而培养他们的高度责任感，通过创新服务内容，成为合格的学科馆员。

4. 统筹规划，组织管理

首先，要将学科馆员制度的建设提到议事日程上来，重视它的功能和作用。图书馆根据学校的学科建设情况和各院系的特点，进行统一规划，制定相关实施方案和措施，并对学科馆员制定工作岗位和职责，以便实行统一管理。其次，以点带面，进行阶段性运行。由于现实条件的限制，不可能在短时间内全面实行学科馆员制度，所以可先对重点学科进行试运行，然后再视情况而调整和推广。这样有利于学科馆员提高服务质量，也有利于学科馆员制度的顺利实施。再次，对学科馆员实行资格认证，择优上岗，建立一套以用户为中心的考核评价体系。一方面来促进学科馆员制度的有效运行，另一方面也可通过用户的反馈来对运行情况进行检验。通过评价考核，激励学科馆员通过学习，不断完善自己的知识结构和能力结构，增强忧患意识，充分发挥在图书馆建设中的作用。

5. 以人为本，创新服务

学科馆员制度的实施和完善要以人为本，它含有两层意义，一是重视学科馆员，尊重学科馆员，加强人文关怀，积极创造良好氛围使其更好地发挥主观能动性。二是要以用户为中心，围绕用户开展服务。同时还要不断地创新服务来满足用户的个性化信息需求，从多层次，多角度，多方位出发，将传统服务与网络服务很好地结合起来，建立以用户为中心的服务内容，并可借鉴国外的信息服务模式来为用户提供主动的上门咨询服务模式。只有这样，才能很好地发挥学科馆员的桥梁作用，发挥学科馆员制度的重要功能，提高用户的满意度和对学科馆员制度认可和支持。

6. 面向社会，提高效益

当学科馆员制度在本校顺利推行后，在做好本校教学科研服务的基础上，也可利用自身优势，走出校园，面向社会，提高效益。高校图书馆作为信息资源的集散地，有着很好的优势参与信息服务市场的竞争，因此，学科馆员可利用自身扎实的专业知识，以图书馆丰厚的资源为基础，通过现代化设备来处理信息，去争取更多的社会用户，扩大服务对象和范围。这样不仅可更好地发挥学科馆员的潜力，也可开发本馆的资源，为图书馆带来社会效益的同时，也会取得一定经济效益。

二、信息主管制度

信息主管（CIO）是现代经济社会全方位信息化的产物，在政府、企业之中的推行已佐证了其现实价值。将其引入图书馆工作虽还是一个新鲜的话题，尽管现行还没有一个完整的实施方案和细则，但图书馆现代化的推行表明建立信息主管制度是必要的。

20世纪90年代，随着信息技术在我国的普及，CIO开始在我国的一些企业中出现，并逐渐发展壮大，承担着推动企业信息化的重担。随着信息技术在图书馆工作的应用，信息化进程的加快，建立必要的信息主管制度非常必要。

（一）图书馆建立信息主管制度的必要性

知识经济的发展促使各个图书馆不断加大对现代化信息设施的投资力度，现代化设备的日益齐全和信息技术的不断成熟为图书馆的各项信息工作提供了技术保障。随着信息技术的发展和信息技术在图书馆各项工作中的具体应用，使得图书馆的工作内容逐步从藏书管理向信息管理、知识管理转变。可以肯定地说信息管理是现代图书馆在未来很长一段时间内的主要工作内容。尤其是数字图书馆的建设，使得图书馆馆藏信息资源逐渐偏重于丰富多样的网络信息资源。数字化信息资源的建设将涉及更多的技术和管理问题，因此，也将有更多的部门共同涉及多样的信息资源问题。不仅是信息资源的收集、整理、加工和传播，还涉及更深一层的信息和知识挖掘等问题。然而由于各个业务部门的分工不同，使得占有的信息资源也有所不同。技术与行政管理的将会发生冲突，如何将信息分布不均匀的各个部门统一协调起来共同为信息用户服务，以及如何更好地、高效地为信息用户服务，如服务效果的评价等一系列问题都需要一个新的组织制度来执行和完成。再加上用户信息需求的范围越来越广，迫切需要 CIO 来为其服务，因此，图书馆很有必要设立 CIO 和建立 CIO 制度来从宏观和微观两方面优化信息资源的管理体系，协调发展信息管理系统的内外关系，并制定管理系统的目标和任务，以及一定的效果评价体系。

信息主管制度的建立是图书馆组织管理体制的创新，是图书馆自身信息化健康、快速发展的需要，是图书馆信息服务提高的有力保障，也是加入 WTO 后国际形势对图书馆的必然要求。所以，可一方面参照国外成功的先例，另一方面借鉴国内政府和企业内实施 CIO 的经验，再结合各个图书馆的实情，逐步建立适合本馆馆情的信息主管制度，以促进图书馆的信息化进程。

（二）信息主管制度的建立

1. 设立 CIO

建立信息主管制度首要设立信息主管，当然并不是每个图书馆员都能做 CIO，只有复合型人才才有做 CIO 的可能。CIO 的职能要求其综合素质要较高，不仅是专业技术人员，还要是高瞻远瞩的领导者，应该具备技术能力，业务能力，经营能力，外交协调能力，信息能力以及领导能力和规划能力等诸多能力。只有具备综合的素质才能做一个合格的信息主管，才能真正促进图书馆的信息化工作进程。而今，在图书馆设立 CIO 还是发展初期，因此，像企事业中一样，没人敢自称是 CIO，图书馆工作人员也是一样。这不仅是因为图书馆内信息技术部门的专业人员相对较少，甚至还有相当数量的人员没有经过系统专业培训就充当着骨干力量,要让他们成为 CIO 有一定困难。再者是图书馆领导对 CIO 的认识还不够,对信息技术的重视还不够,对现代化的认识还只是手段的改变,有的还是在传统的思想下指导图书馆的建设,使得信息技术部门发挥不了应有的作用,这样也很难成长出 CIO。没有 CIO,没有稳定的 CIO 队伍,很难促进图书馆的现代化。因此,当前任务是培养 CIO 队伍。首先是领导要重视。领导的重视对 CIO 的成长有着很好的促进作用,积极调入高素质专业人才,并委以重任,充当 CIO 角色;其次是本馆技术人员要积极加入,实行岗位成才,尝试向领导提建设性、合理化的意见和计划,同时还要向业务方面积极靠拢,对馆内工作有全面的认识。再次是从业务骨干中优选,加以综合培训,赋予一定的权利和义务,逐步通过基础业务来提高其技能。总之,在图书馆内形成一个稳定的 CIO 队伍应该不是很难,但还是需要各个部门的相互配合,相互扶持,尤其是领导的支持,给 CIO 队伍创造良好的工作环境,这样才能充分发挥其作用。

2. 确立 CIO 的职责和权利

在信息主管制度中要将 CIO 的职责加以明确。在图书馆工作中,CIO 作为进入核心管理层的高级决策人员,主要负责本馆的信息化工作,通过对包括设备、技术、人员、资金和信息本身在内的所有信息资源的科学管理,充分发掘和有效利用来促进业务流程的重组或调整,从而提高整个管理决策水平。具体来说,CIO 的职责主要有制定图书馆信息发展战略和实施目标、规划;拟定信息流程的总体框架;协调各个信息部门的信息需求;负责信息的集成管理;关注信息技术的发展变化,选择和运用信息技术为图书馆的经营管理提供有效的信息技术支持;代表信息部门参与高层决策管理;评价本馆信息服务的社会效益和经济效益。在确定其职责的同时,也要赋予其一定的权利,确立其地位和作用,赋予其对信息部门独立决策的权利,赋予其一定的资金调控权,人员任免权等。只有义务和权利相配合时,CIO 才能名副其实,才能真正地开展工作,才能从战略角度去审视图书馆信息化的发展进程。所以在信息主管制度中要明确 CIO 的职责和权利。

3. 要有激励制度和评价体系

做辅助 CIO 的设立不是一蹴而就的事情,它需要各方面的努力。当然,也并不是一旦成为 CIO,就终身有效了,要不时地对其进行评价和激励,使 CIO 队伍更加健康地发展。因此,建立信息主管制度要以激励机制和合理的评价体系作为辅助以促进 CIO 制度的顺利开展。CIO 人员的培养是建立 CIO 制度首要前提,因此要建立一套灵活有效的激励机制来培养人才和留住人才,从物质和精神等多方面来激励人才,使其充分发挥其才能。同时也要不时地对 CIO 的工作内容和工作绩效进行监督和评价,督促其应有职责的完成,使其能顺应时代的要求来不断改变其工作方针和对策，以保持与时俱进。

（三）建立信息主管制度的几点思考

1. 明确图书馆推行 CIO 制度的可行性

多种要素都已表明在图书馆建立 CIO 制度不仅是图书馆信息化进程的需要，也是图书馆信息服务工作的必然要求。因此，各级领导应充分认识到 CIO 制度建立的必要性和重要性，要加强宣传，积极投入，真正落到实处。制定和不断完善 CIO 的各项规章制度，在设立 CIO 的同时，要将其地位、作用、职责和权利等以规章制度的形式固定下来，并加以其他激励机制，以体现其完整性和合理性。

2. 选好时机，稳步进行

尽管 CIO 制度在国内外政府、企业之中已有成功的经验和理论成果为其在图书馆内实施着有力的决策支持。但由于各个图书馆现代化进程不一，馆情不一，不可能在短时期内全部推行信息主管制度，所以，要选择好时机，不可操之过急。信息主管制度的推行是图书馆现有管理制度的一个创新过程，需要对以往的相关体制进行革新，这不仅要求领导要有决心，还要有信心，同时还要根据实际情况，审时度势，进行有针对性的改革和创新，要有充分的理性和耐性，要稳步进行。

3. CIO 队伍要注意多方面的培养和锻炼

大多数 CIO 是信息技术专家，掌握着多方面的信息技术，但这不能说明信息主管必须是高水平的技术人员，也不是只有专业技术人员才能担任 CIO 的角色。合格的 CIO 的要求是要全方位的，是集技术与管理于一身的，所以要避免盲目的"技术情结"，不是有技术就能做好 CIO 了，在肯定技术的同时也要兼顾管理和领导才能。所以 CIO 队伍要注意多方面的培养和锻炼，不能只重技术而忽略管理。要将技术融入管理中，以合理有效的管理来促进技术的进步。这也给图书馆领导以暗示，选择 CIO 不能单从技术人员中选拔，要全方位评价。

4. 建立 CIO 发挥作用的氛围

不是一旦设立 CIO 了，所有的信息化工作都可由其来完成，图书馆领导以及其他业务人员就没事可做了。不可否认，CIO 在信息化工作中承担着信息系统的各个相关方面事宜，是骨干力量，但整个信息化的推进不是一件小事情，它还需要多方面的配合和支持，还需要各级领导的积极支持和参与，还需要业务人员的共同努力。只有良好的、团结的工作氛围才能促进 CIO 更好地发挥其才能，才能提高整个管理水平，才能为 CIO 制度的推行提供很好的保障。

5. CIO 制度的建立是一个不断摸索的过程

同其他新事物一样，CIO 制度的建立是一个不断摸索的过程，不是靠一个文件和一个命令就能实现得了的。也不是设立了几个 CIO 就是实现了信息主管制度了。真正的信息主管制度需要在图书馆的信息管理工作中不断实践，需要人们积极努力地探索，需要结合馆情实事求是地进行。将选拔合格的 CIO 人才作为重点，按照 CIO 的职责和素质要求，多途径地培养复合型的 CIO 人才，使其成为名副其实的 CIO，成为图书馆信息主管制度的开拓者。

参考文献

[1] 王春玲. 地市级数字图书馆资源建设与阅读推广研究 [M]. 沈阳：沈阳出版社，2020.

[2] 凌霄娥. 图书馆管理艺术与信息化应用研究 [M]. 西安：西北工业大学出版社，2020.

[3] 杨永华. 智慧时代高校图书馆服务创新与发展研究 [M]. 北京：中国原子能出版社，2020.

[4] 盛小平，刘泳洁. 图书馆职业能力研究 [M]. 武汉：武汉大学出版社，2020.

[5] 江莹. 基于信息资源建设与读者服务的高校图书馆发展研究 [M]. 长春：吉林大学出版社，2020.

[6] 乔红丽. 图书馆信息管理与多元化发展研究 [M]. 长春：吉林大学出版社，2020.

[7] 韩雨彤，常飞. 图书馆信息资源建设发展研究 [M]. 北京：应急管理出版社，2020.

[8] 吴环伟. 图书馆文献资源建设与共享服务创新 [M]. 长春：吉林出版集团股份有限公司，2020.

[9] 张睿丽. 数字图书馆资源管理与建设 [M]. 长春：吉林人民出版社，2019.

[10] 李科萱. 图书馆管理与信息服务 [M]. 北京：光明日报出版社，2019.

[11] 郑燃. 公共文化服务均等化视角下图书馆博物馆数字文化服务融合研究 [M]. 武汉：武汉大学出版社，2019.

[12] 马利华. 图书馆信息管理与服务研究 [M]. 延吉：延边大学出版社，2019.

[13] 任杏莉. 图书馆管理与服务创新研究 [M]. 长春：吉林科学技术出版社，2019.

[14] 牛世建. 高校数字图书馆建设研究 [M]. 延吉：延边大学出版社，2019.

[15] 梁孟华，吕元智，王玉良. 基于用户交互的数字图书馆服务评价模型与实证研究 [M]. 北京/西安：世界图书出版公司，2019.

[16] 杨琳. 高校图书馆管理与阅读服务模式创新 [M]. 长春：吉林人民出版社，2019.

[17] 周运丽. 数字图书馆创新与发展研究 [M]. 长春：吉林出版集团股份有限公司，

2019.

[18] 李静, 乔菊英, 江秋菊. 现代图书馆管理体系与服务研究 [M]. 长春: 吉林人民出版社, 2019.

[19] 董伟. 新媒体时代图书馆管理与服务研究 [M]. 长春: 吉林人民出版社, 2019.

[20] 马亚玲. 高校图书馆数字资源建设与服务创新研究 [M]. 长春: 吉林出版集团股份有限公司, 2019.

[21] 朱丽君, 卫冉, 肖倩. 图书馆管理与智能应用 [M]. 长春: 吉林人民出版社, 2019.

[22] 李君. 上海市图书馆学会编. 大数据环境下公共图书馆服务深化思考与探索 [M]. 上海: 上海辞书出版社, 2019.

[23] 查道懂. 图书馆管理学 [M]. 长春: 吉林文史出版社, 2019.

[24] 王文. 数字环境下的图书馆管理与阅读服务 [M]. 北京: 现代出版社, 2018.

[25] 谭晓君. 图书馆管理与服务创新研究 [M]. 天津: 天津科学技术出版社, 2018.

[26] 杨秀臻. 图书馆知识管理与服务研究 [M]. 天津: 天津科学技术出版社, 2018.

[27] 马雨佳, 于霏. 现代图书馆信息管理及服务研究 [M]. 北京: 九州出版社, 2018.

[28] 宫平. 图书馆的数字人文实现模式研究 [M]. 沈阳: 辽宁大学出版社, 2018.

[29] 陈陶平, 赵宇, 蔡英. 现代高校图书馆管理与服务探究 [M]. 北京: 九州出版社, 2018.

[30] 梁宇清. 大数据时代的图书馆管理 [M]. 北京: 中国原子能出版社, 2018.